10000人の子どもと向き合ってきた
保育カウンセラーが教える

伝わる！

響く！

子どもの自信が育つ
り方・
叱り方

Naoki Yamashita

樹

日本能率協会マネジメントセンター

はじめに　「お父さん・お母さんなんて大っ嫌い！」と言われたときに

突然ですが、みなさん、子どもから、しかも愛してやまない子どもから、

「お父さんなんて大っ嫌い」

「お母さんなんて大っ嫌い」

と言われたことがありますか？


私は……あります。しかも複数回。

親は、自分のことは棚に上げて、子どものことは「こう育ってほしい」「こうでなければいけない」と思ってしまうことが多いのではと思います。

私の場合で言うと、「子どもは早寝早起きでなければいけない」「テレビやゲームではなく、外で思いっきり遊んでほしい」というような強い思いです。

もちろんその思いの背景には、子どもの健やかな育ちを願う親としての気持ちがあるわけですが、だからといって子どもは親の思うようには育ってくれないもの。


ある日の出来事。

我が家の末娘（小6）が夜の10時を過ぎていてもテレビを見ているので、こう声をかけました。

私「もうテレビを消して寝るんだよ」
娘「……（無視してテレビを見続ける）」
私「テレビを消すんだよ」
娘「……」
私「もう聞こえてるの！　テ・レ・ビ‼」
　と声は大きくなり、感情も高ぶってきたので、私は無言でテレビを消しました。

「なんで消すの！」とこれまでまるで聞こえていなかったかのように無言でテレビを見ていた娘が大声で反応するので、私もついカッとなってしまいます。

　押し問答の末に、冒頭の捨てゼリフ「お父さんなんて大っ嫌い！」です。

　娘はリビングのドアが壊れてしまうかと思うほどの大きな音を立ててドアを閉め、2階の部屋に行ってしまいました。


　本書を読んでいただいている子育て中のお父さん・お母さんにも同じような経験をされている方がいらっしゃると思います。

　冷静になって考えてみると、「あれはあのようにすればよかった」「この時は、こうだった」などといろいろと後悔するものです。

　先ほどの「お父さんなんて大っ嫌い！」の事例で言うならば、本書で紹介する「翻訳機能」を私の耳につけることで解決したのに……と思います。

つまり、「お父さんなんて大っ嫌い！」という捨てゼリフを娘は放ってはいるものの、娘はテレビを消して自室に戻っているわけですから、翻訳すると「お父さんの言う通り、私はもう寝るね」というように翻訳できるわけです。

多少の感情の乱れがあるために、ドアがバタンと大きな音を立てていますが……。

本書では、**3歳から5歳くらいの幼児を対象に、自信のある子に育つには、子どもをどのようにほめるか。また、叱ることで子どもをどのように導いていくことができるのかについて、考えたいと思います。**

特に、お仕事で忙しく、子育てに自信がない、傷つきやすいというお父さんやお母さんに向けての応援メッセージです。

理論的な背景は、私の専門分野のシュタイナー教育と臨床心理学です。

「シュタイナー教育」や「臨床心理学」と聞くと、とたんに「何か難しそう」と感じる方もいるかもしれません。

しかし心配はご無用。小難しい専門用語は本書には登場しません。

「分かる、楽しい、実践できる」。

これが本書の大きな目標です。

子どもへの思いは強い一方で、親は仕事が忙しいと、子育てはないがしろになりがち。ともするとお金をたくさんかけて習い事をさせることや、頻繁にお出かけすること、お小遣いをあげることなど、心や思いをかけるのではなく、お金をかけることをしがちです。

それはお金を使うことで「罪滅ぼし」をしているようなもの。

しかし、子どもがお父さんやお母さんのことを「大好き」と思ってくれるのは、小学校の低学年くらいまでです。


本書では、その大切な子ども時代を親としてどのように過ごし、関わっていくことができるのか、みなさんと一緒に考えていきたいと思います。

本書を読んで、「早く子どもに会いたい！　話したい！　実践したい！」

そんなふうに感じていただけるならば著者として幸いです。

2023年7月

山下直樹

第1章 ほめ上手・叱り上手の心理学

第2章

自信のある子に育つ シュタイナー流「4つの気質と子育て」

第3章

臨床心理学から学ぶカウンセリングマインドと子どものほめ方・叱り方

第1章

ほめ上手・叱り上手の心理学

1

ほめると叱るの心理学的基礎知識

子育てに悩んだときにまず知っておきたいこと

子育てで不安になったら身近な専門家に聞いてみよう

巷《ちまた》の書店に足を運ぶと、「ほめる子育て」「叱らない子育て」など、「ほめる」ことが大切だなと思わせる本にたくさん出会います。

そうなのか、よし、じゃあほめればいいのかと思いつつも、何となくスマホで検索してしまいます。

でも子育てについて検索すればするほど不安になりますよね。

試しに「ほめる子育て」と検索してみると「ほめる子育ての問題点」なんていうのがすぐに出てきます。

うーん、これは「スマホの害」だなあと私は思います。

情報が豊富すぎて、何を信じればいいのか、何をすればいいのか分からなくなってしまいますし、インターネットからの情報は、玉石混淆《ぎょくせきこんこう》で、正しいものばかりではなく、古いものや間違った情報も混ざっています。

あえて不安をあおるような記述をしているサイトもありますから、要注意です。

スマホを使うのは、気軽な情報収集程度にしておいて、**不安になったら身近な専門家に相談するのが一番**です。

最も身近な専門家は、保育士と保健師

子育て中の方にとって、最も身近な子育てや子どもの専門家は、保育園や幼稚園、こども園などに入園していれば保育者（保育士・幼稚園教諭・保育教諭）です。

入園前の子どもの場合でしたら、地域の保健センターの保健師が最も身近です。

保育者は、親にとっては毎日送り迎えで顔を合わせますし、何より子どもと毎日長時間過ごしていますから、だれよりも子どものことを知っていてくれるでしょう。

保健師は、1歳半健診や3歳児健診で子どもの発達についての相談をすることができますし、必要であれば健診時などに、心理士などにつないでくれます。

健診以外でも、常に子育ての相談を受け付けてくれますよ。

子育てに悩んだり、不安があるときは、専門家に相談してみてくださいね。

子どもをほめよう！　ほめること＝認めること

さて、ここでは、あえて**「子どもをほめて育てよう」**と大きな声で言いたいと思います。

なぜ、「子どもをほめて育てる」ことがいいのか。

それは、**「ほめることとは、子どものことを認めること」**だからです。

ほめるとは、「あなたのことを私は気にかけているし、よく見ているよ」ということなのです。

「ほめるとつけあがる」カナムくん（3歳）

私は、2005年から現在まで、保育園や幼稚園、子育て支援センターで保育カウンセラーをしてきました。

保育カウンセラーの主要な仕事は、保育現場で子どもの発達を見て（アセスメントして）、保育者やお父さん、お母さんと保育や子育てについてお話しすることです。

ある日、カナムくん（3歳）のママとお話ししていたときのこと。

カナムくんのママは「カナムは私の言うことを聞いてくれません。ほめると良いと先生は言いますが、ほめるところなんてないです」と言います。

さらに「うちのパパは『カナムはほめるとつけあがるから、ほめるんじゃなくて厳しく叱らなきゃいけないんだ』と私よりも厳しく叱ったり怒鳴ったりしているんです」と言うのです。

なるほど、カナムくんは、園でも自由に歩き回りますし、ちょっとしたことで乱暴な行動にもつながってしまいます。

家ではお父さんやお母さんに叱られてしまうことが多いことは容易に想像できます。

私はカナムくんママにこう言いました。

「お母さん、もしかしたらカナムくんがいいことをしたときにだけ、ほめようとしていませんか？いいことをしたときだけほめようとすると、ほめる機会を逃してしまいます。

だってほめる前に、叱られるようなことをたくさんしてしまうから。

だから気づくと叱ってばかりになりますよね。

それでもほめなきゃと思うと、おだててしまったり、思ってもいないことを言ってしまうようになります。

でもね、ほめるとはそうではなく、カナムくんのことをよく見ているよ、あなたのことを認めているよ、ということをカナムくんに伝えることなんですよ」

ほめるというのは、「あなたのことをよく見ているよ」「あなたのことを認めているよ」と伝えることです。

つまり、座って食事をしているときに、「座っているね」「ごはんおいしいね」などと「お母さんは見ているよ」ということを子どもに伝えることなのです。

極端なことを言えば、その気持ちが伝わるならば、言葉にしなくても「アイコンタクト」や「なでたりさすったりというスキンシップ」で行うことも可能なのです。

ほめることは認めること。

歯の浮くような言葉でおだてるのではありません。

子どもを叱るとは？　叱ること=伝えること

叱っちゃいけない？　叱らない子育て?!

保育園の園長先生から、こんな話を聞きました。

「最近、子どもを園から連れて帰れないお母さんが結構いるんです」。

私はどういうことなのかよく分からなかったのですが、園長先生は続けてこうおっしゃいました。

「お母さんがお仕事を終えて保育園に子どもを迎えに来た際、なかなか帰れない子どもがいるんです。

理由は、今やっている遊びを終えて片付けができなかったり、帰りの支度ができなかったりと、いろいろです。

中には、『お寿司を食べて帰りたい』とお母さんに言って、お母さんと押し問答を繰り返している子もいます」。

もちろん親御さんが「早く帰るよ！」とビシっと言って帰る親子も多いのですが、いつまでも連れて帰ることができない親子も一定数いるようです。

そして、連れて帰れないお父さんやお母さんに共通しているのが、子どもの話を「うんうん」とよく聞いて、「決して叱らない」「厳しく言わない」ことだと園長先生は言います。

子どもの話をよく聞くということはとってもよいことだと思います。

そして子どもの思いを何とかかなえてあげたいと思うことは、親であれば当然の思いですね。

それには間違いはないのですが、子どもの願いには、かなえてあげられるものと、そうはいかないものがあります。

かなえてあげられないことを子どもが言うときは、それを「今はできない」ということを率直に伝えればよいと思います。

早く帰宅して夕飯の支度をしなければいけないときは、「帰ろうね」とか「夕飯の支度をお母さんはしなきゃだから、帰ろうね」と言う必要があります。

毎日お寿司ばかり食べるわけにはいかないので、「今日はお寿司屋さんに行きません。おうちでご飯を食べようね」と言えばいいですし、スーパーでお菓子がほしいとひっくり返って泣いても、「今日は買いません」と淡々と言えばよいと思います。

それで、子どもが泣いたりしても大丈夫。

子どもが泣くのは、「何とか気持ちを切り替えようと努力している」ということです。

時間がたてばコロッと気持ちが変わっています。

どうせなら、「伝わるように叱ろう」

子育てをしていると、「できればほめて育てたい」と思う反面、イライラしてつい感情的に怒鳴ったり、怒ったりしてしまうこともありますよね。

先ほどの「叱っちゃいけない」を実践しようと努力しているお父さんやお母さんも、ときに「堪忍袋《かんにんぶくろ》の緒が切れた」とばかりに、「もう早くしてって言ってるでしょ！」と大きな声で怒鳴ってしまうことがあるはずです。

しかし、私は思うのです。

せっかく叱るのであれば、子どもに伝わるように叱る必要があると。

親は「子どもの間違いを正そうと」、また「親の気持ちをしっかりと伝えようと」つい長々と叱ってしまいます。

そして、最後に「分かった？」と聞き、子どもが「うん、分かった」というと、「何が分かったのか言ってみなさい。（子どもが言えないと）ほら分かっていないじゃない……」とまたお説教の続きです。

アニメの『サザエさん』に登場するカツオくんがお父さんに叱られる姿や、『ドラえもん』ののび太くんがお母さんから叱られる姿を思い出してください。

カツオくんものび太くんも、正座をしてお父さんやお母さんの言葉を聞いているように見えますが、実は内心「早くこのお説教の嵐が過ぎ去ってほしい」、そう思っています。

では、どうすればよいのでしょうか。

私は**叱るというのは、「何をどうすればよいのか伝えること」**だと考えています。

つまり、早く帰りたいのに、片付けが終わらない子どもに対しては、「おもちゃをおもちゃ箱に片付けて、帰ろうね」と言えばいいのです。

スーパーでひっくり返って泣く子どもには、「今日は、お菓子は買いません。おうちに帰っておやつを食べようね」と、見通しを立てられるように伝えるのもコツです。

ポイントは、「何をどうすればよいのかを伝えること」「これからの見通しを立てられるように伝えること」です。

間違っても、「なんで片付けないの？」「なんでお母さんの言うことを聞いてくれないの？」と言ってしまわないように。

これは、「疑問形で相手を責める言い方」ですから相手を攻撃したいときにする言い方です。「叱る＝伝えること」のコツをつかむと子育てが少しだけスムーズになりますよ。

幼児期の言葉と心の発達

発達に応じた関わり方

親になると、子どもの発達に応じて適宜《てきぎ》ほめ方・叱り方を変えています。

生後数か月の赤ちゃんが哺乳瓶《ほにゅうびん》を倒しても、「あらあら、仕方ないなぁ」とこぼれたミルクを拭くでしょう。

一方で、小学生の子どもがテーブルの上の牛乳を倒せば、「何やってるの、しっかりして」と言ってしまうかもしれません。

親はあまり意識していないかもしれませんが、年齢や発達に応じて関わり方を変えることは実はとても大切なことだと思います。

ここでは、幼児期の子どもの言葉と心の発達について述べ、さらに親の関わり方（ほめ方・叱り方）について考えてみましょう。

まずは、幼児期以前の「魔の2歳児」といわれる2歳の子どもの発達から、ほめると叱るについて考えてみたいと思います。

「悪い子になっちゃった?!」魔の2歳児

あやちゃん（2歳3か月）のお母さんからの相談で、こんな話を聞きました。

お母さんが「娘が『悪い子』になっちゃいました」とおっしゃるのです。

お母さんから詳しく話を聞くと、2歳の誕生日が来る前までは、まるで天使のように天真爛漫《てんしんらんまん》で、親の言うことにもニコニコと反応してくれて、「いい子」だったといいます。

それなのに、2歳の誕生日を迎えたころから、食事をするときも、「イヤ！」、靴を履《は》くのも「イヤ！」、お出かけも「イヤ！」など、なんでもイヤというようになったそうです。

さらにお母さんはこう話してくれました。

「あ～これがイヤイヤ期なんだと思いましたが、それだけじゃなく、食事はわざとテーブルから落とす、注意しても、お母さんを見ながら何度も何度もやる。まるで、当てつけのようです。

急いでいるときに限って、あやちゃんはおもちゃで遊び続けたがりますし、ようやく出かけようと靴を履かせようとすると『イヤ！』『じぶんで！』と言うものの、自分でやらせてもできなくて泣く。それで手伝おうとするとまた『イヤ！』の繰り返しです」

お母さんはどうしたらいいのか分からず、イライラして、「じゃあ、どうしたいの！」と怒鳴ってしまうことも毎日のようにあると言います。

成長するときは、一旦「悪く」なる

私は、手がかからなかった子どもが急に「困った」行動を示すようになったときに、

「あ～お母さん、お子さん成長していますね。とってもいいですね」

と言うようにしています。


子どもは一般的には、ぐんと成長する前後に一旦「悪く」なるのです。

悪くなるといっても、**本当に悪い状態になるわけではなく、親にとってちょっと困った行動を示すようになってしまう**ということです。


子どもの発達を考えると、2歳を過ぎると身辺的自立が少しずつ進み、例えば食事では手づかみからスプーンを使うようになり、だんだんこぼさないで食べられるようになります。

これは自立への欲求の高まりです。

なんでも自分でしたい思いは強くなるけれどできない。

そしてそれを言葉でうまく伝えられないので、泣いたり、怒ったりのかんしゃくにつながります。これが、「魔の2歳児」の正体《しょうたい》です。


2歳児は、感情のコントロールにも大人の手助けが必要です。

かんしゃくが起きてしまったら、子どもの気持ちが収まるまでそっと見守りましょう。

ものを投げたり、近くの人を叩いたり蹴ったりということがないように安全だけは確認して、見守ることがおすすめです。

かんしゃくは長くても10分くらいですから、そっとしておけばそのうち気持ちを持ち直します。

3歳の子どもの言葉と心の発達

3歳を過ぎると、子どもの言葉は一気に増えてきます。

3歳では、3語文から4語以上の言葉を話すようになるので、まるで大人と話しているように思えます。

「ママ、これやって」「昨日、パパとお買い物、行った」「今日のごはん何?」など、ずいぶん会話がスムーズになってきます。

言葉の発達にともない、認知的な発達も進み、知識が増え、記憶力が増します。

ほめられると嬉しいので、同じことを何度も繰り返します。

他の人がほめられると、自分のことも見てほしいと「わたしも」「ぼくも」と自分をアピールするようになるのも、3歳のこの時期です。

3歳の子どもは、他者と比較して自己を理解すること(他者の視点に立つ)ということがまだ難しいのですが、ほめられることによって自信がついていきます。

4歳以降の子どもの言葉と心の発達

4歳以降になると、**それまでと大きく違うのは、他者の見方や考え方を理解できるように次第**

になることです。

これは「**心の理論**」と言われます。

「心の理論」で有名な、「サリーとアン」の課題を紹介しましょう。

次のページに状況を説明したマンガも掲載していますので、あわせて読んでみてください。

サリー（左）は、カゴを持っています。

アン（右）は、箱を持っています。

サリーは、自分のカゴにボールを入れ、どこかへ行ってしまいます。

サリーがいなくなった後、アンはボールを自分の箱に移し、アンも部屋から出ます。

サリーが戻ってきた後、サリーは自分のボールがカゴと箱のどちらにあると思うのか、という課題です。

サリーの立場に立てば、答えは「カゴ」です。

サリーは、自分のいない間にアンがボールを箱に移したということを知りません。

これは、自分が知っていることと、サリーが知っていることを区別してとらえることができるかどうかという課題で、自分の立場（視点）のみからとらえる子どもは、「箱」と答えてしまいます。

サリー
アン
サリーのカゴ　アンの箱
サリーは自分のカゴにボールを入れ
部屋を出る
アンはボールを自分の箱へ入れて部屋を出る
戻ってきたサリーは、ボールがどちらにあると思うかこの「サリーとアン」の課題を正しく答えられるようになるのは、4歳くらいからだと言われています。

4歳以降になると、言語面での発達も著しく、他者と言葉を介したコミュニケーションを取ることができるようになり、「社会性」も育ってきます。

つまり、他者の気持ちが分かり、言葉で理解できるようになるため、みんなと一緒に過ごすなど、ルールのある遊びを楽しめるようになるのです。

ですから、4歳以降は、**ほめるとき・叱るときいずれにしても、より具体的であることが望ましい**ようです。

単に、「すごいね」よりも、

「飛行機のつばさのこの形、素敵だね」

「この花の絵のオレンジ色がお母さんはきれいだと思う」

などと具体的にほめましょう。

また、叱ることも具体的な言葉が分かるようになります。例えば、

「○○ちゃんは、このおもちゃを今使っているんだって。あとで貸してねって言おうね」

「叩かれると痛いよ。ほしいときは、ちょうだいって言うんだよ」

などと、相手の気持ちを代弁し、何をどうすればよいのかを伝えましょう。

子どもが走り回るのは早く成長したいから

子どもはみな多動である

生まれてから幼児期までの子どもは言わば「みんな多動」だということができる、というのがここでお話しする内容です。

「多動」というと発達障がいを思い浮かべる方もいるかもしれませんが、かならずしも発達障がいを意味しません。読んで字のごとく多動とは「動きが多い」ということです。

では、動きが多いのはなぜなのか、そしてどのように育てていけばいいのか、考えてみましょう。

子どもが生まれて親になると、親は、食事、睡眠、入浴、外出など、それまではまったく普通にできていたことが、できなくなることがたくさんあります。

食べさせることで精いっぱいで、ゆっくり食べることなどできなくなった、特に外食などは大変で最近行っていない、などという話を子育て中のお父さんやお母さんから聞くこともしばしばです。

子どもを連れて病院を受診することも困難で、待合室を走り回ったり、ファミレスやスーパーなどでもじっとしていられなくて大変だと言います。

私も4人の子どもたちが小さい頃、近所のファミレスに一人で連れて行ったことがありますが、大変な思いをしました。

1番下の娘が1歳だったので私が食べさせるのですが、じっと座っていない。

真ん中の2人は幼児期の男の子。じっと座ってなんかいられず、ケンカを始めます。

小学生のお姉ちゃんは1歳の妹の世話をしてくれるものの、弟たちのケンカに加わることも。

近くに座った見知らぬ人が、「大変ね」と声をかけてくれますが、私は「はぁ」とため息をつくことしかできなかったことをよく覚えています。

特に幼児期の子どもはじっとしていられないですよね。

これが親をとても悩ますのですが、子どもはなぜ、じっとしていられないのでしょうか。

子どもが走り回るのは「早く成長したいから」

公共の場で走り回る子どもを見ると、私は親の大変さに共感しますし、ほほえましく思えるのですが、そんな人ばかりではないのが現実です。

子どもとあまり関わる機会がない人などは、イライラしてしまうこともあるようです。

しかし、**発達という視点で見ると、子どもが走り回るのは、「早く成長したいから」**だということができます。

少し専門的な話になりますが、子どもは成長するために「運動感覚と平衡感覚」を刺激し、体をコントロールする力を育てていきます。


運動感覚とは、①体を保持する力、②関節や筋肉をコントロールする力、③ボディイメージ（自分の体の大きさを知る）の3つです。

つまり自分の体を知り、コントロールするのが運動感覚です。

平衡感覚とは、前後上下左右回転の動きを感知する感覚で、自分がどちらに動いているのか、どれくらい傾いているのか、回転しているのかを感知する感覚です。

運動感覚と平衡感覚は、じっとしているだけではまったく育ちません。手足をたくさん動かして遊び、歩く、走るなどしてはじめて育っていきます。

ですから、子どもたちが走り回るのは、「運動感覚と平衡感覚を育てようとするから＝早く成長したいから」なのです。

走り回る子どもへのほめ方・叱り方

子どもが走り回るのは子どもの成長のためですから、本来子どもが走ったり跳びはねたりすることは、とてもよいことです。

しかし、ときと場所次第では、不適切な行動となってしまいます。

ですから、走り回る子どもにみなさんが困ってしまっているならば、まずは子どもの運動感覚・平衡感覚を育てるという方向性で関わってみましょう。

つまり、たくさん体を動かして遊び、心も体も満たすということです。

その上で、公共の場で走り回ったり、跳びはねたりしたときは、以下のようにほめる・叱るを試してみましょう。

レストランなどで走り回る子どもには、①できるだけ早く近づいて、②短く、③具体的に伝えます。

ここで伝える内容は、「座って、ご飯を食べようね」などがいいでしょう。

これを厳しい表情で伝えます。

走り回る子どもは、「追いかけられることがうれしい」と感じますので、にこやかに伝えてはいけません。

また、「走らないで！」や「なんでご飯食べないの？」など、否定形や疑問形は伝わりにくいので、避けた方がいいでしょう。

そして、**ほめるのは、「適切な行動を示したら即座にほめる」のがコツ**です。

具体的に、今すべきことを伝えた後で、席に座って食べ始めたら「座って食べてるね」などと言葉にしてもいいですし、頭をなでて「うんうん」とうなずくなど、子どもの行動を見ていることを伝えてみましょう。

ほめて育てる：ポジティブフィードバック

ポジティブフィードバックとは、子どもの「増やしたい行動」や「いいなという行動」を積極的にほめるような関わり方です。

積極的に関わることによって、「これが適切な行動である」ということを伝えるのです。

一方で「不適切でできれば減らしたい」行動については、見守る（積極的には関わらない）ことで、そのような行動は少なくなっていきます。

子どものポジティブな側面に焦点を当て、適切な行動に導くような関わりをする。

とても素晴らしい考え方だと思いますが、「言うは易《やす》し行うは難《かた》し」でこれがなかなか難しい。専門家である保育士でも、苦労するようです。

K先生と3歳児のりなちゃん

私が先日訪問したR保育園の保育士K先生から、3歳児のりなちゃんについて、こんな相談を受けました。

りなちゃんは言動が乱暴で、友だちとの関わりの中で思い通りにならないと、すぐに「だめ」「やめて」と大声で怒鳴ります。

時には、「ぶっ殺す」「てめぇ」など、どこで覚えてきたのか分からないような「暴言」を吐くこともありますし、同時に叩く、蹴る、唾《つば》を吐くなどの「暴力」に訴えることさえ少なくありません。

そんなりなちゃんと「どのように関わったらいいのでしょうか?」という相談を保育士さんから受けたのです。

私「現在りなちゃんとどう関わっているのですか?」

K先生「りなちゃんが、友だちを叩いてしまったり大きな声を出したときに、そばに行ってどうしたいのか、何があったのかを聞いています」

私「なるほど、それですね!

K先生はりなちゃんが泣いたり、怒鳴ったり、他の子を叩いたりと不適切な行動をしたときだけ関わっていますよね。

そりゃ、りなちゃんは、先生と関わりたい、何か寂しい、と思ったときに、不適切な行動をしますよ。りなちゃんのような子どもは、『先生あそぼ~』ってなかなか言葉で言えないですからね。

その代わりに、『ばか!』『死ね!』『ぶっ殺す!』なんて言うのですよ。

そうすれば、すぐに先生が飛んできてくれますからね」

K先生「はぁ……」

私「でもよく考えてみてください。一日を保育園で過ごす中で、りなちゃんが泣いたり、怒鳴ったり、叩いたりしているのは時間にするとそれほど長くないと思います。

それ以外の適切な行動をしている時間の方がずっと長いにもかかわらず、その間は何もしないで、不適切な行動をしているほんの短い時間だけ関わろうとするのは、合理的ではないですよね。

ですから、ここでのりなちゃんへの関わり方はシンプルに、適切な行動をしている、穏やかに過ごしているときにたくさん関わろう、ということなんですよ」

子育ての専門家である保育士のK先生でさえ、不適切な行動をしているときだけ関わってしまうのですから、はじめて親になるお父さんお母さんができないのも無理はありません。

子育てにおけるポジティブフィードバックとは、叱らなければいけない場面よりも圧倒的に多いはずの穏やかに過ごしているときに、しっかりと関わることです。

例えば、お母さんが夕食の支度をしているときに、お子さんがテーブルで絵を描いています。子どもは絵を描くと嬉しくて何度も見せに来ますから、その時に一度手を止めて、「なっちゃんが描いたんだね」「お母さんを描いてくれたのかな」などと応えるのです。

これがポジティブフィードバック。


しかし、時々やってしまうのが、この逆です。

穏やかに絵を描いているにもかかわらず、紙からクレヨンがはみだしそうになっているのを見て、「テーブルに新聞紙を敷いて」「クレヨンがはみ出さないように！」と注意してしまうのです。

また、ちょっと描いては見せに来るお子さんに対して、「お母さん忙しいから」「あとでね」と子どもの適切と思われる行動をシャットアウトしてしまうこともあります。


最初は難しく感じるかもしれませんが、**まずは「穏やかに過ごせている時間」に目を向けられるようになるといいですね。**

子どもが苦しむダブルバインド（二重拘束）・コミュニケーション

親子の間だけでなく、職場や学校、友人同士のコミュニケーションでは、齟齬《そご》が生じることがあります。

そうした齟齬を生じさせてしまうコミュニケーションの方法として、**ダブルバインド・コミュニケーション（二重拘束のコミュニケーション）**があります。

ダブルバインド・コミュニケーションとは二重拘束といって、**2つの矛盾するメッセージを子どもに与え、相手を混乱させるコミュニケーションのこと**です。

例えば、次のページに示したようなことが、ダブルバインド・コミュニケーションにあたります。

例1では、公園に遊びにきた際に、お母さんは「自由に遊んでおいで！」と声をかけていますが、泥だらけになって戻ってきたお子さんを「こんなに汚さないでよ！」と叱りつけています。「自由に遊んでよい」と言われたのに、実際には制限があったのです。

例2も同様に、「なんでも選んでいい」と言っていたにもかかわらず、後から条件をつけてしまっています。

よく考えてみると「ほめる」にも「叱る」にも、大人（主に親）の一方的な思いが根底にあるように思います。根底にあるので意識しにくく、時にそれは矛盾した思いにつながることがあります。それが、ダブルバインドにつながるのです。

こうしたことは子ども時代だけではなく、進学や就職のときにも起こりがちです。

親は「あなたの人生なんだから、あなたの好きな道を歩んでいいからね」と言ったにもかかわ

NG 例1
公園
さあ自由に遊んでおいで！
いってくるー!!
ママ！
みてみてー
どろんこ!!
ぎょ！
こんなに汚さないでよ!!
自由に遊んでいいって言ったのに
NG 例2
スーパー
お菓子なんでも1個だけ選んでいいよ
え!!
やった！
これ！
CHOCO
ミルクチョコレート
チョコはダメ
他のお菓子にして！
CHOCO
なんでもいいって言ったのに
CHOCO

らず、子どもが「じゃあ、私やりたいことがあるからフリーターになる！」と言ったら、親は「人生はそんなに甘くない」「どうやって食べていくんだ」と言うのです。

このように、親が矛盾した2つのメッセージを出すと、子どもは親の顔色をうかがうようになります。**矛盾したメッセージを出さないようにするには、親は「なぜ子どもにそうしてほしいのか」を明確に意識しておく必要があります。**

例1では、「どろどろになった服の洗濯をするのは骨が折れる」「買ったばかりの服や靴なのに」という気持ちが根底にあることをしっかりとつかんでおきましょう。

そして、子どもが思いきり遊べば服が汚れるのは当然ですから、最初から汚れてもいい服を用意しておくといいでしょう。

例2では、「お菓子は買ってあげたいけれど、虫歯は親として予防する必要がある」ので、虫歯になると歯科での治療が必要になることなどを話してあげましょう。

なお、大学生の進路選択については、どんなことをやりたいのかじっくりと耳を傾けてから、「そうか。あなたはそういうことをやりたいから、まずはフリーターをしながら頑張ろうと思っているんだね」

OK例1
着替え準備OK!
さあ自由に遊んでおいで!
公園
いってくるー!!
ママ!
おっきいどんぐりーっ!!
どろんこ!!
ハデにあそんだな
汚れたから着替えようね
うん!
でしょ
おおきい!
OK例2
お菓子なんでも1個だけ選んでいいよ
スーパー
え!! やった!
これを選んだんだね
CHOCO
ミルクチョコレート
買ってあげたいけど
虫歯になりやすいから他のにしよう
そっかー
虫歯になりやすいからチョコ以外ね
もちろん
おかしコーナー
はーい
最初から伝えておくのも大事

など、まずは子どもの思いを受け止めることが大切です。

そのうえで、しっかりと親としての思いを伝えましょう。その時、説教するように否定的に言うのではなく、肯定的に伝えるのです。


例えばこんな感じです。

「お父さん（お母さんは）は、あなたがやりたいことを叶えるために努力しようとしていることは、素晴らしいと思うし応援したいと思っているよ。

でも、お父さん（お母さん）は、あなたが経済的な自立をしながら夢を追いかけてほしいと思っている。そのためにも、まずはしっかりと就職してほしいとも思っている。

もし、フリーターをしながら夢を追いかけたいのなら、自分で「何年間」と期間を決めてその間に実現できるように頑張ってほしい。

その間はお父さん（お母さん）も全面的にあなたのことを応援するよ」


あくまでも例えばですが、**大切なことは、親としての気持ちをしっかりと率直に伝えることで**す。

建前《たてまえ》だけ「夢を応援する」と伝えるのではなく、その裏にある本音も含めて伝えること。さらに、説教や説得ではない、応援メッセージが伝えられればいいのだと思います。

まとめ

- ☑ ほめることは「認めること」、叱ることは「伝えること」
- ☑ 「発達」という視点で子どもを見ることが重要
- ☑ ダブルバインド・コミュニケーションは避けよう

2

ほめ上手・叱り上手になるために

ここでは、具体的な子どものほめ方と叱り方について考えてみたいと思います。まずはほめ方から。

ほめ方：子どもをほめて伸ばす5つのポイント

①伸ばしたい行動は、即座にほめる
②1つよいことをしたら4回ほめる
③人と比較してほめない
④ほめるときはシンプルに、行動をほめる
⑤嫌味や皮肉をつけない

①伸ばしたい行動は、即座にほめる　――ほめることによる動機付け

5歳のわたるくんは、のんびりした性格で幼稚園に行く準備になかなか取りかかれません。お母さんは、「毎朝やらなければいけないことは決まっているのになぜできないの？」と思ってしまい「早くしなさい」が口癖です。

朝からガミガミ言いたくないのに、ついガミガミ言ってしまう自分にも嫌悪感を抱くといいま

す。

相談を受けた私は、幼稚園でのわたるくんの行動を見ていましたが、確かにのんびりしているようです。

給食の準備を始めるときも、なかなか遊びを切り上げられずに、最後まで園庭で遊んでいる姿をよく見ます。

しかし、わたるくんの行動をよく観察してみると、他の子どもよりものんびりとしていますが、周囲の行動をよく見て少しずつ片付け始めているのに気づきました。

そしてみんながいなくなる頃に一気に気持ちを切り替え、突然おもちゃを片付け、手を洗いに行くのでした。

こうした行動を見ると、確かにのんびりした行動をするわたるくんですが、分かっていないのではなく自分で気持ちを切り替えるためのタイミングを見計らっているようにも見えます。

おそらく、家でのわたるくんも同様で、お母さんにとってはイライラするような行動ですが、わたるくん自身は、彼なりのペースで行動を切り替えているように思います。

お母さんはすでに、「なぜできないの?」という視点になってしまっているため、わたるくんの思いが見えにくくなっているのでしょう。

そんな時には、**「伸ばしたい行動を即座にほめて動機付けすること」**をおすすめします。

園庭では、スコップを1つ片付けたら「スコップ片付けたね」と声をかけ、登園前に片方の靴下を履けたら「（こっちの）靴下履けたね」と即座にほめるようにします。

「すごいね」「えらいね」という言葉は、必ずしも必要ではありません。

行動を認める言葉かけにより、「見ていてもらえてうれしい」「もっとほめられたい」など、子どもの動機づけが高まります。

②1つよいことをしたら4回ほめる

ゆうくん（5歳）のお父さんからこんな相談がありました。

「息子は本当に忘れっぽくて、何度言っても同じ失敗を繰り返します。だから『何回言ったらわかるんだよ！』とつい叱ってしまいます」

ゆうくんのお父さん、子育てを頑張っていますね。私の素直な気持ちです。

なぜなら、子育てを頑張っているからこそ、イライラもするのです。

叱り方については後の節で詳しく説明しますが、叱る前に「いかにほめるか」が大切です。

しかし子どもをほめるって意外と難しいものです。

そこで私は「**4回ほめて、ほめる貯金**」をすることを提案しています。

ゆうくんのように、「忘れっぽくて、動きが多く、衝動的な行動を示す」子どもは、叱られがちですから、まずは**1つほめられるようなことをしたら、4回ほめる**のです。

そして、1度注意する前に、10回ほめるのです。


例えば、ゆうくんがお父さんのために、園で咲いている花を摘んできたとします。

そこでまずは「お父さんのために花を摘んできてくれたんだね、ありがとう」とその場でほめます。

次に家族がそろう夕食時に「今日ね、ゆうがお父さんのために花を摘んできてくれたんだよ、ゆうありがとうね」とみんなの前でほめます。

そして、今度は寝る前に「ゆうが花を摘んでくれたのはうれしかったよ」と3回目。

さらに翌日「昨日はお父さんに花を摘んできてくれてありがとう」とほめます。

これが4回ほめるということです。


次は、ほめる貯金です。

子どもの心の中には、「小型のビデオカメラ」があると例えられます。

「何度言ったらわかるんだ」「まったくどうしようもない子だね」という**大人の感情的な言動は、**

すべて心のビデオカメラに録画され、繰り返し再生されているのです。

そのため、叱られることが多い子どもは、「自分は何をやってもだめだ」と思い始めてしまいます。

この小型のビデオカメラに、ポジティブな経験をたくさん録画しましょう。

1回注意する前に10回ほめることで、ほめる貯金をするのです。

「いいね」「すごいね」などのいわゆるほめる言葉だけではなく、1で述べたように、「座っているね」「あなたのことを見ているよ」など、子どもを見ていること、認めていることが伝わるように言葉にしたり、背中をさすったりします。

ゆうくんのお父さんに「4回ほめる」「ほめる貯金」の話をしたところ、「まったく逆をしていた」とのこと。

つまり、「1回叱られることをすると、4回叱っていた」のだといいます。

まずはその場でしかる。夕食時に家族の前で叱る。夜寝るときに叱る。翌朝また叱る。

これでは、心のビデオカメラにネガティブなことばかりが録画されてしまいます。

ほめる方向にシフトできれば、親子ともに少し楽になれるでしょう。

③人と比較してほめない――プロセスと伸びしろをほめる

子どもをほめるときは、つい他の人との比較でほめてしまいがちです。

・保育園で劇の発表会が終わった後で「あなたが一番よかったよ」

・運動会のかけっこで一番になったとき「一番速かったね！」

・上手に工作ができたとき「お姉ちゃんより上手だよ」

確かに、子どもをほめるときに、他の人を比較対象にするとほめやすい、分かりやすいということはあるかもしれません。

しかし、子どもが何かに取り組んだとき、必ずしも他の人より優れているわけではないでしょうし、競技やコンテストでいつも一番になれるわけではありません。

子どもをほめるときは「プロセスと伸びしろをほめる」ようにしましょう。

先ほどの例でいうと、次のようになります。

・**劇の発表会で「あなたが一番よかったよ」**
→「とてもよかったよ。一生懸命練習した甲斐《かい》があったね」
・**運動会のかけっこで「一番速かったね」**

↓「とても頑張って走ったね。速かったよ！　去年より速くなったね」

・上手に工作ができたとき「お姉ちゃんよりも上手だよ」
↓「丁寧に作ったね」
↓「すごく時間かけて作ったんだね」
↓「この部分が素敵だね」

人と比較してほめると、負けたことやうまくできなかったことが「悪いこと」「意味のないこと」のように受け止められてしまいます。

そうではなくて、**成し遂げようと頑張ったこと、継続して取り組んだこと、そしてその結果できるようになったことを見ることが「人と比較しないでほめること」**です。

④ほめるときはシンプルに、行動をほめる

ほめ言葉をかけるときは、シンプルに行動をほめようというのがここのテーマです。

保育園の先生たちは、上手にこうしたほめ方をしています。

Y先生「ね〜ね〜、みんな見て！　みなとくん、背すじがピンと伸びていてカッコイイね」

子どもたち（みんな背すじを伸ばして座るようになる）

Y先生「（みんなの前で）みんな聞いて、れいちゃんね、先生が落ちた帽子を拾ってあげたら『ありがとう』って言ってくれたんだよ。先生もうれしかったな」

子どもたち（ちょっとしたことで「ありがとう」と言うようになる）

ほめるということは、望ましい行動や適切な行動を示すという意味があり、またその行動を私はしっかりと見て受け止めているよということを伝えることでもあります。

家庭でも、「ごみをポイしてね」とお願いして、その行動をしてくれたら、「ごみをポイしてくれてありがとう」、食器の片付けを手伝ってくれたら「食器の片付けを手伝ってくれてありがとう」。

これが感謝の気持ちを伝えながら、行動をほめるということなのです。

⑤嫌味や皮肉などをつけない

ほめるときは、行動をほめると先ほど述べましたが、実はこれがなかなか難しい。

とくに、ほめることに慣れていない親は、ほめることに照れがあるのか、シンプルにほめられません。なぜか嫌味や皮肉をつけ足してしまいます。

例えば、食器の片付けを手伝ってくれたあゆむくん（5歳）に対して、お母さんは、

「片付けてくれてありがとう。昨日もやってくれたらもっとよかったのにね」

「ありがとう。なんで今日はやってくれたの？　雨でも降るんじゃない？」

と言ってしまったといいます。

りいちゃん（4歳）のお父さんは、「パパ大好き」というお手紙をもらいました。しかし、お正月が近かったこともあり、お父さんは「ありがとう。でもお年玉は増えないよ」と言ってしまったそうです。

感謝の気持ちをストレートに伝えられずに、どこか皮肉っぽい言い方になってしまうのですね。

コミュニケーションは、あまり真正面からやり合うと、ときに息がつまって緊張が高まりますから、ちょっと斜に構えてコミュニケーションをとることがあります。そこからくすっと笑いが生まれて、コミュニケーションが円滑になることもあります。

ただし、そうした斜に構えたコミュニケーションは、大人同士に限ります。子どもとのコミュニケーションでは、シンプルに行動をほめましょう。

食器を片付けてくれたあゆむくんには、「食器を片付けてくれてありがとう」。

「パパ大好き」という手紙をくれたりいちゃんには、「りいちゃん、お手紙ありがとう。おとうさんうれしいよ」。

このように、**子どもとのコミュニケーションはシンプルなほうが伝わります。**

叱り方：低燃費な伝え方の5つのポイント

次に、叱り方の5つのポイントです。「叱ること＝伝えること」ということを念頭に置きながら、考えてみましょう。

私は、**伝わりやすい伝え方を「低燃費な伝え方」と名付けています。**

どうせなら伝わりやすい方がいいですよね。

ですが、忙しいときに限って私たち親は「燃費の悪い伝え方」になってしまいます。

燃費の悪い伝え方とは、親のイライラが生じる→親の感情Ｍａｘ→感情が爆発→親は自己嫌悪、子どもも自己嫌悪し、自己肯定感が下がる→子どもが行動しない・できない、という負のスパイラルになってしまう伝え方です。

叱り方の5つのポイント

①叱るときは、肯定的な言葉で
②何をすればよいのかを具体的に
③近づいて、子どもと目線を合わせる
④短く、ビシっと
⑤捨てゼリフには反応しない

①叱るときは、肯定的な言葉で

子どもを叱る必要があるときは、「不適切な行動」をしているときですから、つい「○○しない」という否定的な言葉で伝えてしまう傾向にあります。

「なんで○○しないの？」とか、「○○しないなら△△しないからね」と二重否定になってしまうこともあります。

めいちゃん（3歳）のお母さんは、あるとき私に言いました。

お母さん「先生、自分でも分かってるんですけど、クリスマス前になると、娘に『ご飯食べない子は、サンタさんからプレゼントもらえないよ』って言ってしまうんです。

これってやっぱりよくないですよね」

私「そうですね、お母さんが思っているように、よくないですね。なぜよくないかというと、お母さんの伝えたい内容が、めいちゃんに伝わっていないからです。

お母さんは、『ご飯を食べてほしい』という思いを伝

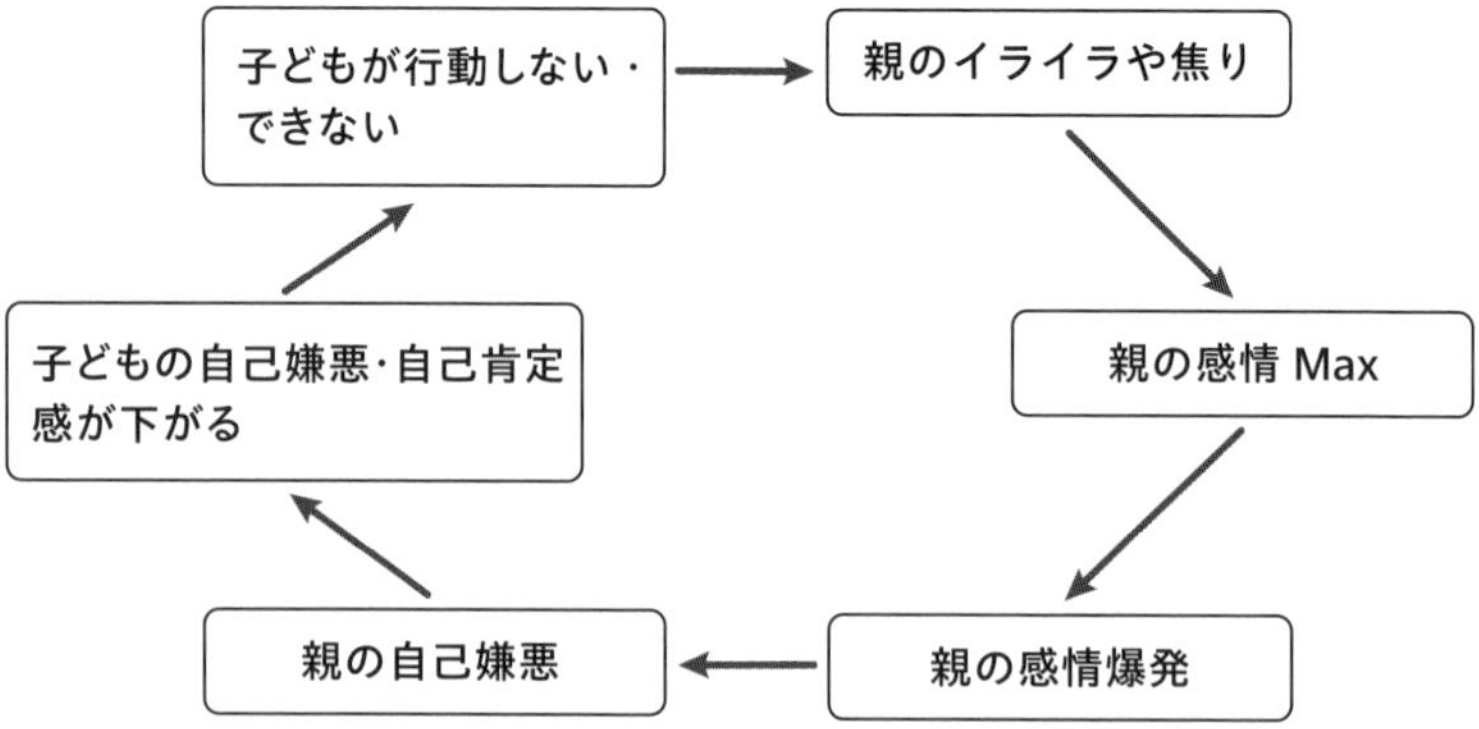

図　燃費の悪い伝え方による負のスパイラル

えたい。

けれども、めいちゃんは『サンタさんが来ないのイヤ』と思っているわけです。

それならばめいちゃんに伝えたい内容、つまり「ご飯を食べようね」とそのまま伝えればいいのですよ」


子どもは、なかなか親の思うようには行動してくれません。

スーパーに買い物に行けば、子どもが走り回るので、「走らないよ！　走らないって何度も言ってるでしょ‼」と怒鳴ってしまいますし、食材コーナーではラップがしてある商品を触るので「触っちゃダメ！」。好きなお菓子を買いたいと駄々をこねる子どもには、「買わないって言ってるでしょう、何度言えばわかるの‼」と大きな声で言ってしまいます。


毎日何度も繰り返すこうした叱り言葉を、肯定的にしてみましょう。

「走らないよ」↓「歩こうね」

「触らないよ」↓「こっちに来てね」

「買わないよ」↓「○○（別のもの）を買って帰ろうね」「おうちで○○を食べようね」

その他、否定的な言葉を肯定的に表現してみましょう。

・立たないで↓座ろうね

・こぼさないで↓しっかり持って（よく見て）
・登らないで↓下りて
・触らないで↓ここに（この棚に）戻して
・散らかさない↓ここを持って
・しゃべらないで↓お口を閉じて

二重否定にも気をつけましょう。

・「ごはん食べないなら、おやつはなしね」
↓「ごはんを食べようね」「ごはんを食べてから、おやつを食べようね」
・「早く準備できないなら、お出かけしないよ」
↓「着替えてお出かけしようね」「歯磨きしてから、お出かけしようね」
・「手を洗わないと、おやつは食べられないよ」
↓「手を洗ってね」「手を洗ってから、おやつを食べようね」
・「トイレに行かないと、お出かけできないよ」
↓「トイレに行こうね」「トイレに行ってから、お出かけしようね」

②何をすればよいのかを具体的に

具体的に伝えるということも、とても大切です。朝の支度に時間がかかるゆうすけくん（6歳）

の事例を見ながら考えてみましょう。

朝は忙しい時間です。

お母さんはその日、いつもより早く出勤しなければならないので、慌てて準備していました。

けれどもそんな日に限って、ゆうすけくん（6歳）はご機嫌ナナメ。なかなか着替えようとしないで、ごはんも食べません。

食器を洗いながらゆうすけくんに声をかけつつ見守っていたのですが、ついにお母さん、

「何やってるの、今日はお母さん早く行かなきゃなの、昨日から言ってたじゃない！　そして約束したでしょ。もう早く準備しなさい！」

と感情が高ぶってしまい、もうヘトヘトです。

「自分ってだめな親かな」と、自分を責める気持ちにもなってしまいます。

お母さんの雷が落ちると、ゆうすけくんは余計にぐずってしまいました。

朝はやることがたくさんあって、忙しいので余計に気持ちが焦ってしまうことでしょう。

ゆうすけくんのお母さんは、燃費の悪い伝え方の負のスパイラルに陥ってしまったようですね。

そんなときは、何をすればよいのか具体的に伝えてみましょう。

ゆうすけくんの場合であれば、「着替えてご飯食べようね」これでＯＫです。

３つ目のポイントでも出てきますが、ゆうすけくんのお母さんの場合は、「近づいて、目を見る」ということも大事なことの１つのようです。


忙しい時こそ、一旦手を止めて、ゆうすけくんに近づいて、目を見ながら「着替えてご飯を食べようね」と伝えてみましょう。

③近づいて、子どもと目線を合わせる

子どもは、「聞こえないふりをする天才」だと時々思ったりもしますが、どうやら**子どもは、遠くから話しかけられると、自分に話しかけられていると思わない**ようです。

ですから、**「伝え方」の工夫をすると、伝わりやすくなることがあります。**


親にとって朝は特に忙しいですから、先ほどのゆうすけくんのお母さんのように、「遠くから、長々と、漠然と」伝えてしまうこともしばしばです。

キッチンで洗い物をしながら「何やってるの、そんなことしてると遅れちゃうでしょ、何回言えばわかるの?」というような伝え方です。

そうすると、子どもは「聞こえないふり」をしているように見えます。

しかし実は、単に「伝わっていない」のです。

せっかく忙しい中で伝えるのですから、ほんの少し手を止めて、近づいて、子どもの目を見て伝えてみましょう。

ちなみに、**目を見るというのは、子どもの視野に入るということ**です。

子どもは大人が思う以上に視野が狭いですから、視野に入って目線を合わせるとよいでしょう。

④短く、ビシっと

保育園のお迎えに来たゆいさん（3歳）のお母さんは、いつもゆいさんを連れて帰るまでに時間がかかります。

ゆいさんは、お母さんが迎えに来ても、自分の遊びが終わるまではなかなか帰ろうとしません。

お母さんは毎日のことなので、さして気にも留めず、お母さんだけで帰りのお支度を始めます。タオルやカバンなどをしまい、帰る準備が整っても、ゆいさんは遊んでいます。

「ねぇねぇ、ゆいちゃん、帰ろうよ」

「ゆいちゃん、今からお買い物に行くんだよ」

「おうち帰ってご飯だよ」

お母さんはゆいさんに伝えているのですが、ゆいさんはそんなお母さんを無視しているかのようです。

お母さんの伝え方は、印象としてはゆいさんの頭の上を通り過ぎているかのようで、まったく伝わっていません。

このようなときは、近づいて目線を合わせ、「帰るよ」と短くビシっと伝えるだけでOKです。

保育園や幼稚園に行くと、「短い言葉でビシっと」いうことができないお父さんやお母さんに出会います。

やさしい方がとても多く、子どもへの理解があるお父さんお母さんだなといつも思います。

そして、お話を聞くと「子どもの思いや自主性を大切にしている」「子どもの人権を尊重している」と言います。

確かにそれはとてもいいことです。子どもの思いや自主性、それから人権ももちろん尊重されなければいけません。

それは大前提ですが、「自主性と人権を尊重」されているはずの子どもたちが「やりたい放題やっている」こともあります。

親の言うことはまるで聞かず、親を召使のようにあごで使い「あれをやって」「これをやって」という場合もあります。

これはあくまでも極端な例ですが、幼児期までの子どもに対して親は、自主性や人権を尊重しつつも、子どもを守り導いていく義務があります。

子どもは毎日新しいことに挑戦し続けていますが、それは毎日新しいことを学んでいるということです。挑戦の中で間違った学習を繰り返さないように、親は導いていかねばなりません。

また、特に幼児期は相手の気持ちを理解することが苦手な時期です。お母さんが困っているそぶりをしても、なかなか気づきません。

ですから、シンプルに親の考えや希望を伝えるだけでＯＫなのです。

⑤捨てゼリフには反応しない

子どもは感情が高ぶると、非常に乱暴な言葉を発することがあります。

一般的に子どもは、相手への影響力の強い言葉から覚えていきますが、これは言葉が双方向のコミュニケーションであることが要因です。

特にボキャブラリーが少ない幼児期では、「イヤ」とか、「バカ」「大嫌い」などの言葉を発しますが、その真意を親がくみ取る必要があります。

しんいちくん（５歳）の例で考えてみましょう。

しんいちくんのクラスでは、大なわとびに挑戦することになりましたが、初日はしんいちくんが大なわとびの輪に入らずにいたので、翌日に先生が「一緒にやろうよ」と誘いました。

でもしんいちくんは「大なわとび嫌い。やりたくない」と言います。

家に帰ってからもお母さんに「ボク、大なわとびなんか大っ嫌い！」と言い、そんなしんいちくんを励ますお母さんにも「お母さんのバカ、お母さんなんて大っ嫌い！」と大声で言い、部屋を出て行ってしまったと言います。


先生はしんいちくんの性格をよく知っているので、「嫌い。やりたくない」という言葉は、「ボク、大なわとびをやったことないから、とび方がわからない」「失敗したら恥ずかしい」などの不安の気持ちからくるものだと考えました。

そこで、先生はしんいちくんと1対1で大なわのとび方を教え、何度か成功したところでみんなの輪の中に誘ったのです。

するとしんいちくんは、何事もなかったかのようにスムーズに大なわとびに参加することができました。そして、お母さんにも「大なわとび楽しかった」と伝えたということでした。


子どもの乱暴な言葉はときとして、「捨てゼリフ」のようになることがあります。

「バカ」「死ね」などのひどく激しい言葉を言い放ち、部屋から出ていくこともあります。


子どもが捨てゼリフを言ったときには、こう理解しましょう。

捨てゼリフは、イヤな気持ちや納得のいかない気持ちをなんとか切り替えようとする、本人なりの努力の結果です。

ですから、言葉尻だけで「もう一度言ってみなさい！」「親に向かって何ですか！」と親が感情的になる必要はありません。

親は気持ちをぐっとこらえて、**子どもなりに気持ちを切り替えようとしていることを受け止めて、捨てゼリフには反応しないようにしましょう。**

ほめる・叱るのコツ――ほめるときはみんなの前で、叱るときは個別に

「ほめると叱る」をより効果的にするには、「ほめるときはみんなの前で、叱るときは個別に」がオススメです。

これを実践するだけで子どもの自己肯定感がぐんとアップします。

例えば、るきあくん（４歳）は元気で好奇心旺盛な男の子です。

でも好奇心が旺盛すぎて、買い物に行っても走り回る、好きなものがあると勝手に触ってしまうなど、叱られるような行動をすることも多々あります。

お父さんは、「るきあはみんなの前で叱らないと示しがつかない」と言い、家族がみんなそろっている夕食時に、るきあくんがしたよくない行動について知らしめます。

2人のお兄ちゃんからは、「るきあがまた怒られている」と茶化されるので、るきあくんはカッとなりお兄ちゃんにとびかかります。

それを見たお父さんからまた叱られる……というそんな毎日です。

るきあくんの例に見られるように、家庭では逆のほめ方・叱り方をしてしまうことが多いようです。

「叱るときはみんなの前で、ほめるときは個別に」とすると、周囲の目が気になりますし、時には兄弟などから茶化されたりバカにされたりします。

これは、不適切な行動を修正していこうというより、「悪いことをした罰として、みんなに知らしめる」ということなので、結局「何をどのようにすればよいのか」が本人に伝わりません。

こういう処罰感情は、保育現場でも学校でもときどき先生に見られるので、注意が必要です。

そうではなく、ほめるときこそみんなの前で行いましょう。

るきあくんにも、ほめるべきことが毎日あるはずです。

るきあくんのことをよく見ているよ、ということが伝わるように、「るきあは今日、ご飯を残さず食べたんだよ」「苦手なニンジンを少し食べることができたんだ」など、みんながいるときに伝えてみましょう。

逆に、叱る必要のあることは、みんながいない部屋に移動してから、目線を合わせて、短く、具体的に伝えましょう。

まとめ

☑ ほめるときは、その場でシンプルに行動をほめる。1つよいことをしたら4回ほめて「ほめる貯金」をしよう

☑ 叱るときは、肯定的な言葉で、簡潔かつ具体的に何をすればよいか伝える。子どもの捨てゼリフに反応するのはNG！

☑ ほめるときはみんなの前で、叱るときは個別に

3

実践！　ほめ方&叱り方のワークに取り組もう

ここからは、ほめ方と叱り方をワーク形式で考えてみましょう。

次の問いについて、4つの選択肢から最もふさわしいものを1つ選んでみましょう。

「解答以外はすべて間違い」というわけではありませんが、ほめ方と叱り方にはポイントがありますので、ここではほめ方のポイントを学びましょう。

ワーク①　飼っているペットにえさをあげてくれたりゅうへいくんをほめよう

1 「すばらしいね。これまでもできるとよかったのにね」
2 「とてもうれしいよ。明日も忘れないでね」
3 「えさをあげてくれて、ありがとう。うれしいよ」
4 「今日は忘れないでくれて、とてもうれしいよ」

＊

私が考えた解答は、**3の「えさをあげてくれて、ありがとう。うれしいよ」**です。

この問いでのポイントは以下の3点です。


まず、ほめるときは行動を具体的にほめることが大切です。

こうすることで子どもは適切な行動がどういうものかを学んでいきます。


背筋を伸ばして静かに座っているときに、「背すじがピンとしているね」とか、食事を残さずきれいに食べているときに「残さずに食べてるね」などというシンプルな言い方です。

ですから、具体的な行動があれば必ずしも「うれしいよ」などの言葉がなくてもいいのです。


次に、ほめるときには余計な付け足しはしないようにしましょう。

日本人は、

「昨日もできるとよかったのに」

「明日も忘れないで」

「今日は忘れないでくれて」

など、余計な言葉が入ってしまう傾向にありますが、ほめるときは非難やコメント、皮肉は言わないほうがほめる気持ちがよく伝わります。

3点目は、「あなたのことをしっかり見ているよ」と伝え、子どもを認めることが重要ということです。

これは、ほめることの最も大事なポイントです。

究極的には言葉によってほめることがなくても、「（えさをあげてくれてありがとう、という意味を込めつつ）目を合わせてニッコリ」するだけでよかったりもします。

ワーク② **だれよりも早く席についたなっちゃんをほめよう**

1　「えらいね、お兄ちゃんたちよりも早かったね」

2　「1番最初に座れたね、えらいね」

3　「座っているね」

4　「いつもは時間がかかるのに、今日は早くてえらいね」

＊

私が用意した解答は、3の「座っているね」です。

ポイントは、**「ほめるときは他者と比べない！」**ということ。

ほめるための基準を他者に求めると際限《さいげん》がなくなりますし、年齢が離れているきょうだいの場合、永久にほめる機会がやってこないこともあります。

ほめるための基準を設けるとしたら、「過去のその子」です。

あくまでもその子が以前と比べて成長した部分を見るようにしましょう。

また、それとあわせて大切なのは、**取り立てて1番であることをほめない**ことです。
もちろん、1番であることは悪いことではないのですが、常に1番である必要はありませんし、いつも1番になれるわけではありません。

1番であることをほめることで、1番になることが適切な行動だと思い、場合によっては「1番でなければいけない」「1番以外はほめてもらえない」など、1番に固執《こしつ》してしまうことになりかねません。

したがって、比較せず、シンプルに行動をほめている、3の「座っているね」でいいのです。

ワーク③

何度言っても席につかない子に、話を聞いてもらうには？

1　大きな声で「いつまでも座らないなら『いただきます』しちゃうからね」と言う

2　Aくんが自分で気がつくのをみんなで静かに待ち、Aくんが気づいて座ったら一緒に食べる

3 「何回言えば分かるの！　あなたは昨日もそうだったよね！」と昨日のこともしっかりと思い出させるように伝える

4 近づいて、普通の声で「手を洗って、席についてごはんを食べよう」と言う

＊

叱る時のポイントは、「何をすればいいのか分かるように伝える」ということ。そして、伝えるときは、「近づいて、短く、具体的に」でしたね。

ですから、私が用意した解答は、４「近づいて、普通の声で『手を洗って、席についてごはんを食べよう』と言う」です。

お母さんやお父さんは、いつも忙しいです。朝などは特に忙しいので、食事もしないでぼーっとしている子どもを見ると、ついイライラしてしまいます。

すると、「近づいて、短く、具体的に」の逆をやってしまうのです。

つまり、「遠くから、長々と、漠然と」言ってしまうのです。

そうすると子どもは、内容を理解するというよりも、「あ、怒られているな」と思って、できる限りスルーします。

子どもは「聞こえないふりをする天才」ですから、お母さんの雷が落ちるまで行動しません。

ですから、**一旦手を止めて子どもに近づき、その子にだけ聞こえるような声で何をどうすればよいのか具体的に伝えればよい**のです。

ほかの選択肢を見てみると、選択肢1では何をすればいいのかが伝わりません。

選択肢2は、他の人が静かに待っていることで「あ、座ってご飯食べなきゃ」と子どもが自ら気づいてくれるなら1番いいと思います。

ただし、幼児の場合は気づかないことが多いので、この問いでは不正解としています。

選択肢3では、「以前のことをひっぱり出して叱る」ことがNGです。これは叱る際によくやってしまうのですが、そのように相手を責めても解決には至りません。

特に、幼児期の子どもは「今、ここ」を生きていますから、「今、何をすればいいのか具体的に伝える」ことが必要です。

子どもに片付けなさいと伝えたところ、片付けを始めたものの、乱暴な言葉を投げかけられてしまった

ワーク④

1　自分がいじわるで「片付けなさい」と言っているのではないことを説明する
2　子どもを呼び止めて、どうしたいのか、そしてそのためにはどうすればいいのかじっくりと話し合う
3　自分（お母さんやお父さん）の言うことを聞いてくれてうれしいと伝える
4　大人の悪口を言ってはいけないこと、大人の言いつけをなぜ守らなければいけないのかをしっかりと伝える

さて、この問いは、子どもが言い放つ捨てゼリフをどう理解するかが問われます。

私が用意した解答は、３の「自分の言うことを聞いてくれてうれしいと伝える」です。「あれ、そうなの？」と思った方も多いかもしれませんね。

子育てをしていると、必ずといっていいほどこうした場面に出会います。その都度イラっとしてしまうこともあるでしょう。

捨てゼリフは、子どもが「自分の感情をなんとか収めようとしている本人なりの努力」でしたね。ですから、子どもが言い放つ捨てゼリフには反応しないこと。**言葉に反応するのではなく、**

子どもが示している小さな協力を見つけて、それを見ているよと伝えるだけでよいのです。

説明や話し合いも大切なのですが、感情が高ぶっているときには言葉は伝わりにくいですし、幼児期の子どもは言葉よりも感情が優位です。そこに大人が固執する必要はありません。

まとめ

- ☑ 悪い態度や言動は相手にせず、小さな協力を見つけて、ほめるだけでよい
- ☑ 大人の感情をぶつけても伝わらない
- ☑ 「捨てゼリフ」は自分の感情をなんとか切り替えようとしている本人なりの努力

第2章

自信のある子に育つ
シュタイナー流
「4つの気質と子育て」

1

シュタイナー教育の基礎知識

個人的なめぐりあい

読者の中には「シュタイナー教育って何?」と思われる方も少なからずいるかと思われるので、第2章のはじめにシュタイナー教育について簡単に述べておきたいと思います。

私がシュタイナー教育に感銘を受けたのは、大学入試に一度失敗をして予備校生活をしているときでした。

あるとき予備校内の小さな書店で手に取った文庫本『ミュンヘンの中学生』（子安美知子著朝日文庫）というシュタイナー教育に関する本がきっかけでした。

当時の私は、入試のためにとにかく暗記と反復練習の毎日だったのですが、その本の中には「人はテストがあるから勉強をするのではない」「忘れてしまってよい。忘れることで新しいことを学ぶことができる」そんなことが書かれているのです。

その後、シュタイナー教育を日本で学ぶことができる東京へ行きたいと思い、また教員になりたかった私は東京学芸大学教育学部障害児教育学科に進学、卒業し、その後シュタイナー教育を本格的に学ぶためにドイツ・スイスへと留学したのでした。

シュタイナー教育の中でも、治療教育という障がいのある子どもたちのためのシュタイナー教育を学んで帰国したのが1999年です。

それから20数年。私の専門は臨床心理学ですが、障がいのある子どもの特別支援とシュタイナー教育をベースに実践を続けてきています。

シュタイナー教育の基礎知識

シュタイナー教育は、オーストリア生まれの哲学者であり思想家のルドルフ・シュタイナー(Rudolf Steiner 1861-1925)によって創始されました。

シュタイナー教育の大きな特徴は、「教育の根底に深い人間観がある」ということです。

人間とはそもそもどのような存在なのか、どのようにして生まれ、暮らし、学び、育ち、そしていかに生を全《まっと》うしていくのか、ということが教育の根底にあるのです。

さらに、人間をこの世界に単独で存在するものとしてではなく、環境との相互作用の中でとらえています。

人間の足元には地面があり、周りには空気がある。そして頭上には広大な宇宙があります。

地面には、石や岩など鉱物があり、植物がはえ、海には海水があり、地上にも海中にも多様な生物が存在しています。

その相互作用の中に人間の営みがあるとしているのです。

シュタイナー教育の根底にある人間観

まず、**「人間とは何によって形成されているでしょうか」**というのがここでの問いです。

この問いに対してのシュタイナーの答えはいたってシンプルです。

それは、**「体」と「心」と「精神」である**と言います。

「体」とは、目に見える肉体のことを表します。手、足、頭や髪の毛、骨、血液など外側から見て、もしくは体を切り開いた時に目に見えるもののことを言います。

人間の第1の構成要素は、体です。

人間の第2の構成要素は「心」です。

心は目に見えませんが、うれしい、悲しい、楽しい、悔しいなどさまざまな心の営みを感じることができます。

心は主観的な営みであり、他人の心を正確に理解することは難しいものです。しかし、「心と体のバランスを整える」などと言われるように、心と体は結びついていると理解できます。

次に人間の第3の構成要素である「精神」について考えてみましょう。

日本語の意味からすると、先に示した心と混同しそうですが、シュタイナーによると、**精神とは主観的なものを客観化する主体であり、「運命を導く主体」**であるとも言われます。


精神は、生活を送る際に体や心と結びつきます。

分かりやすく言うならば、「自我」です。

冷静に自身をとらえることができ、さらに自分自身で考え、決断し、実行する力を持ちます。

これがシュタイナーの言う人間の第3の構成要素の精神です。

シュタイナーの人間観を『ピノキオ』で例えると

シュタイナーの人間観でいう体、心、精神を分かりやすく理解するために、こんなお話をしてみましょう。

みなさんは、『ピノキオ』のお話を知っていますか?

ゼペットじいさんに作られた木のあやつり人形ピノキオが、さまざまな冒険の末、人間の子どもになる、というあのお話です。

女神は木でできたあやつり人形だったピノキオに命を吹き込み、「勇気を持って生き、正直で優しければ、いつかは本当の子どもになれる」とピノキオに告げます。
命を得たピノキオは、人間のように動ける上に、泣いたり、笑ったり怖がったりと、人間の感情を持ち合わせているかのようにいきいきと生活します。

ピノキオはときにわがまま放題ふるまったり、なまけものだったりします。
好きなものには没頭し、面倒なことはやらないなど、自分なりの基準で思うままにふるまう姿は、ある意味でとても「人間的」であるようにも思えますが、女神はそんなピノキオを「まだ本当の人間ではない」と言います。

どうしても人間になりたいピノキオは「どうすれば人間になれるか」と、女神に聞きます。そんなピノキオに女神が与えたのは、コオロギでした。
コオロギは「そっちへ行っちゃダメだ！」「あれをやったほうがいい！」などとピノキオに呼びかけながら、ピノキオの進むべき道、向かうべき方向を指し示す導き手となります。

ところがこのコオロギ、ピノキオに注意や警告を与えることはできても、ピノキオを屈服させたり、意のままに動かすほどの力は持っていません。ピノキオが聞きたくないと思えば、簡単に無視することさえできる、そんな存在にすぎません。

そして、原作『ピノッキオの冒険』（カルロ・コッローディ著、米川良夫訳）によると、あるときコオロギは、ピノキオが投げた金づちが頭に当たって死んでしまいます。

コオロギが死んでしまった後、ピノキオの導き手はどうなったかのかというと、なんと死んだコオロギが「ゆうれい」として再び現れ、ピノキオを導くのでした。

さて、**このコオロギは、いったい何を表現しているのでしょうか？**

すでにお気づきかもしれませんが、**コオロギはシュタイナーの人間観でいう「精神」です。**精神としてのコオロギは、ピノキオの運命を導いていく主体であるということができます。

そして、ゼペットじいさんが彫った、木という物質としての人形が、シュタイナーの人間観でいうところの「体」であり、ピノキオの感情は「心」であるということができます。

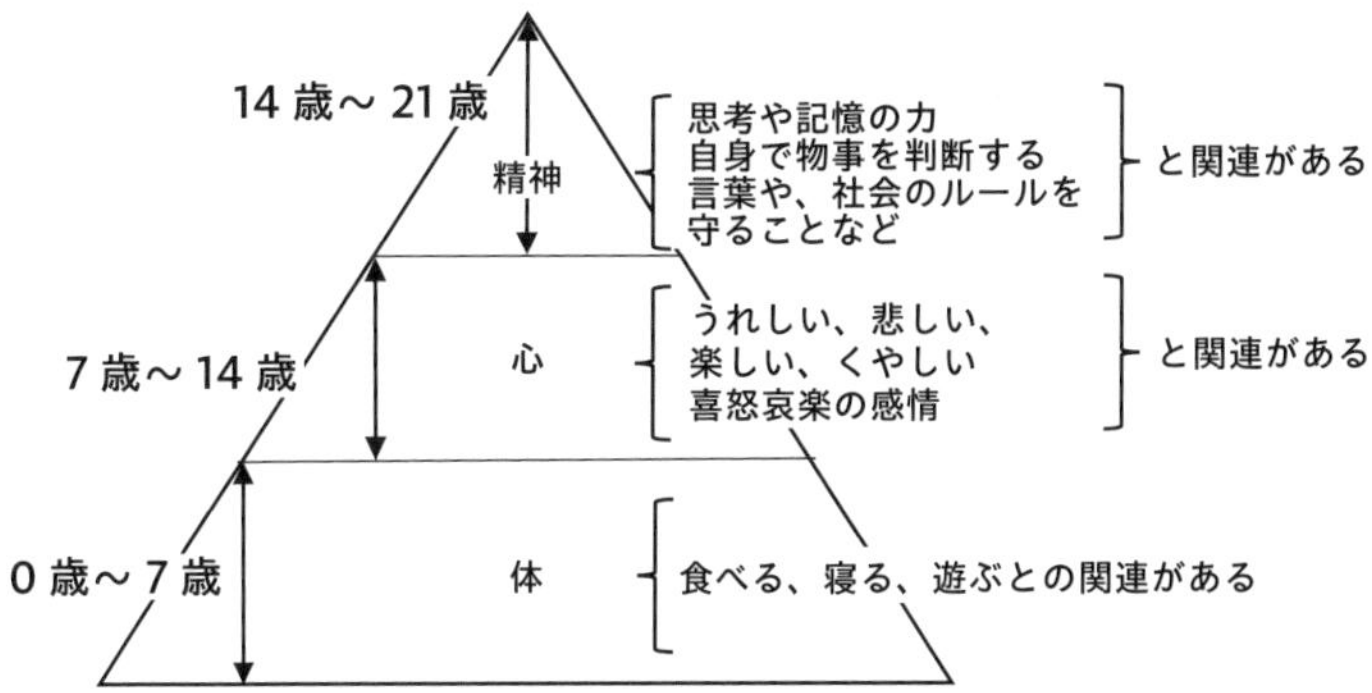

図　子どもが育つ土台

（山田充「ピノキオのお話」京田辺シュタイナー学校『プラネッツ』2013年度 夏号から引用）

子どもが育つ土台

さらに、シュタイナー教育では7年周期の発達理論をベースにしています。人間の成長段階を大まかに7年ごとに分けて、**0〜7歳ごろの幼児期には「体」、7〜14歳ごろの児童期には「心」、14〜21歳の青年期には「精神」がそれぞれ発達する**としています。

幼児期の子どもは「体」が主に発達する時期ですから、手足を動かしてたくさんの遊びをするということが、重要になります。

シュタイナーによる7年周期の発達理論に基づいて子どもの発達を考えると、**子どもが育つためには、土台としての体があり、土台としての体が育ってはじめて心が育ち、さらに心が育ってようやく精神が育ち始める**ということができます。

まとめ

- ☑ シュタイナー教育の大きな特徴は、「教育の根底に深い人間観がある」
- ☑ 「体」と「心」と「精神」によって人間は形成されている
- ☑ 体↓心↓精神の順に成長する

2

自己理解と他者理解の鍵は4つの気質

親子・きょうだいといっても個性はそれぞれ。

頭ではわかっていても、家族で毎日顔を突き合わせて生活していると、「なぜ、言ったことをやってくれないの?!」とか、「なぜ、こんなちょっとしたことで傷つくの？」などと理解に苦しむことがあります。

ある朝の、サツキちゃん（5歳）一家の出来事です。

サツキちゃんのお母さんは、朝からエネルギッシュ。

自分の出勤時間と保育園への送迎時間から逆算して、起床、朝食作りから掃除洗濯まできっちりとやっています。

しかし、そんなお母さんの心配のタネがサツキちゃんです。

なぜかというと、きっちりとしたスケジュールが大好きな自分と、サツキちゃんは正反対の性格だからです。サツキちゃんは、朝はのんびりと起床し、しばらくソファーに座ってボーっとしています。

「早く準備しないと遅れちゃうよ」

など、最初は優しく声をかけるものの、そんな母の声を聞いてか聞かずか、ピクリとも動きません。

何度か声をかけてもぼーっとしたままなので、「何やってるの、いい加減に着替えてご飯食べなさい‼」と大きな声で伝えましたが、サッキちゃんはじっと動きません。

どうしたのかと思って顔を覗き込んでみると、しくしく泣いてるではありませんか。

お母さんは「なぜ、こんなことで泣いているのだろう？」「私、言いすぎちゃったかしら」と落ち込んだり、悩んだり。

一方で、3歳の妹は言ったことには素直に応じてくれるし、どちらかというとさっさと保育園に行く準備をします。

サツキちゃんのお父さんに相談してみると、「そりゃ、2人は気質が違うからね」と言って笑います。

お父さんは傷つきやすくマイペースなサツキちゃんを前にしても、じっくり待つことができると言います。

「どうして、きょうだいなのにこんなに違うんだろう？」とお母さんは悩んでしまいました。

自己理解と他者理解の鍵、4つの気質

同じ言い方をしているのに、傷つく子と傷つかない子がいる。

正反対の気質を持っていると……

のんびりしている子どもを前にするとイライラしてしまうサツキちゃんのお母さんと、のんびりした子どもをじっくり待つことができるお父さん。

これには、気質の違いが関係しています。

第2章では、人間の個性を考える際の「4つの気質」について取り上げます。

4つの気質を知ることは、子育てにおいてとても重要です。それは、自己理解があってはじめて他者を理解することができるからです。

そう、つまり**子育ては自己理解から始まる**のです。

「あなたは自分自身のことをどれくらい知っていますか？」

これが、この第2章のキーワードです。

気質を理解することができれば、子育ての「なぜ？」や「どうして？」が解決に向かっていくでしょう。

では、4つの気質とは、どのようなものなのでしょうか。

シュタイナー教育で言う気質には、それぞれ、

「胆汁質《たんじゅうしつ》」

「多血《たけつ》質」

「粘液《ねんえき》質」

「**憂《ゆう》うつ質**」

という聞きなじみのない言葉が用いられています。

これは、古代ギリシャの自然哲学を基本にした考え方です。


大人よりも子どもの方がストレートに気質の特徴があらわれますが、大人も緊急事態や突発的なことが生じたときにはその人の持つ気質の特徴が表面にあらわれてきます。

ここでは、子育ての具体的な場面を想定しながら、気質について少しずつ理解していきましょう。


まずは子どもが一度はやる「ティッシュ遊び」。

慌ただしい朝の準備中、メイク道具を取りに行くためにちょっと目を離したその隙に、お子さんがティッシュを出して遊び、楽しそうに笑っていた……。

誰しも一度はこのような経験があるのではないでしょうか。

その姿を見たあなたの気持ちと対応は、どのようなものでしょうか。

それぞれの気質の対応を読んで、自分がどれに近いか考えてみてください。


胆汁質のお母さんは、「そんなことをしてはいけません!」とし~っかりと叱ります。

それは、胆汁質のお母さんの正義感でもあり、社会のルールをしっかりと守る子どもに育てたいから。

でも時に、怒りが爆発してしまい、大声で怒鳴ってしまうことも……。

次に、**多血質のお母さんは、子どもが笑顔で遊んでいる姿を見て、一緒に楽しい気持ちになってしまいます。**それは、子どものとても楽しい気持ちに共感するから。

多血質の人は気持ちが軽やかでいきいきとしています。ティッシュを出して散らかしていても、その楽しそうな笑顔を見ると一緒に楽しい気持ちになってしまいます。

周囲を朗らかにするその明るい性格は誰からも好かれる一方で、子どものしつけはちょっと苦手と悩むことが多いのも多血質のお母さんの特徴です。

粘液質のお母さんは、それほどあわてることはありません。いつもの通り、朝のルーティンを淡々とこなします。

なぜなら、粘液質のお母さんは自分のペースを乱されるのが大の苦手だからです。

粘液質のお母さんは、慌てたり焦ったりすることがない反面、急かされるなど、誰かにペースを乱されるのが得意ではありません。常にマイペースで行動しています。

憂うつ質のお母さんは、ティッシュを出している子どもを目の当たりにして、子育ての「失敗」

多血質
Tak
胆汁質
Tan
TISSUE
粘液質
Nen
・・・
憂うつ質
Yu

を嘆き悲しみます。

「お母さんが最もしてほしくないことをしているのに、なぜ子どもが笑っているのか」と悲しくなってしまうのです。

さらに、今後の子どもの成長を心配し、不安になります。

憂うつ質のお母さんは、繊細な心を持ち、感受性も共感性も強いのですが、1つのネガティブな要素に対して、「世界の終わり」のような気持ちになってしまうこともあります。

まとめ

- ☑ **人には「胆汁質」「多血質」「粘液質」「憂うつ質」の4つの気質がある**
- ☑ **大人よりも子どものほうが、気質の特徴があらわれやすい**
- ☑ **4つの気質を理解することは、相互理解につながる**

3 大人も子どももやってみよう、気質診断

それぞれの気質についてなんとなくイメージができたところで、まずは大人であるあなたが自身の気質を知るために気質診断をしてみましょう。

そして、ご自身の気質が分かったら、その後にお子さんについてもチェックしてみてください。

次の項目を読んで、どの程度あてはまるか、0から3で答えてください。合計点が最も多い気質が、その人の基本的な気質になります。

ただし、**4つの気質は混ざり合ってあらわれます。どれか1つにぴったりあてはまるというわけではないことを覚えておいてください。**

92ページに、4つの気質がどの程度あるのかを見るためのレーダーチャートを用意していますので、それぞれの合計点を書き入れると、自分自身の傾向が分かるでしょう。

0：あてはまらない
1：あまりあてはまらない
2：まあ、あてはまる
3：あてはまる

＊できるだけ0か3で答え、どうしても決められないときだけ、1か2で答えてください。

勧善懲悪《かんぜんちょうあく》・猪突猛進《ちょとつもうしん》な胆汁質

・筋肉質で、がっしりとした体格	0・1・2・3
・視線は目標物をまっすぐに見すえている	0・1・2・3
・しっかりと地面を踏みしめて歩く	0・1・2・3
・自己主張が強く、決断力がある	0・1・2・3
・一度決めたことは、必ずやり遂げようとする	0・1・2・3
・正義感が強く、いい加減なことが嫌い	0・1・2・3
・リーダーシップがあり、集団ではまとめ役になることが多い	0・1・2・3
・人を自分に従わせようとすることがある	0・1・2・3
・エネルギッシュで活動的な性格だと思う	0・1・2・3
・難しいこと、新しいことに挑戦するのが好き	0・1・2・3
・好き嫌いは、はっきりしているほうだ	0・1・2・3
・逆境や障がいに負けず、困難を乗り越える力が強い	0・1・2・3
・怒りの気持ちが行動へのエネルギーになる	0・1・2・3
合計	点

明るくお人よし・お調子者な多血質

・しなやかですらっとした細身の体つき……0・1・2・3
・動作や身のこなしが軽やかでフットワークが軽いほうだ……0・1・2・3
・落ち着きがないと言われたことがある……0・1・2・3
・じっくり考えるよりも、その時の気持ちを大切にして行動するほうだ……0・1・2・3
・熱しやすく冷めやすい。また、気分が変わりやすい……0・1・2・3
・楽しいことが大好きで、みんなを楽しませるために、冗談を言うのが好き……0・1・2・3
・社交的で他者とのコミュニケーションを取ることがうまい……0・1・2・3
・よく気がつき、周囲への気配りができる……0・1・2・3
・美しいものが好きで、おしゃれも好き……0・1・2・3
・楽天的な性格……0・1・2・3
・いろいろなことに興味を持ち、好奇心旺盛である……0・1・2・3
・新しい環境も平気で、どちらかというと融通《ゆうづう》の利《き》く性格だ……0・1・2・3
・喜びや楽しみが行動へのエネルギーになる……0・1・2・3

合計　　点

おっとり・粘り強い粘液質

・やわらかく、ぽっちゃりとした体つき……0・1・2・3
・ゆっくりとマイペースに行動し、自分のペースを乱されるのが苦手……0・1・2・3
・ゆっくりと確かな足取りで歩く……0・1・2・3
・何事にも慎重で、すぐに判断しないし、自己主張も強くはしない……0・1・2・3
・始めるまでは時間がかかるが、その気になると力を発揮できる……0・1・2・3
・激しい変化は苦手で、「いつもと同じ」であるとホッとする……0・1・2・3
・眠ること、休むこと、食べることが大好き……0・1・2・3
・まわりの人をほっと和《なご》ませる「癒し系」な性格だと言われる……0・1・2・3
・友だちづきあいは「狭く深く」で、不特定多数の人と仲よくなるのは苦手……0・1・2・3
・1つのことを始めると、粘り強く最後までやり通す……0・1・2・3
・好きなもの以外には、無関心になりがち……0・1・2・3
・初めての環境では、周囲に順応するのに時間がかかる……0・1・2・3
・自分のペースで行動することで力を発揮する……0・1・2・3

合計　　点

感受性豊か・しっかり者な憂うつ質

・色白で細身の体つき	0・1・2・3
・動作はゆっくりで、物静かに話す	0・1・2・3
・一歩一歩の足取りは重く、うつむき加減で、ゆっくりと歩く	0・1・2・3
・1人でじっくり考えることが好き	0・1・2・3
・感じやすく、傷つきやすい	0・1・2・3
・1度決めたことを、柔軟に変化させることは苦手	0・1・2・3
・頑固な性格である	0・1・2・3
・自己主張は強くはしないが、自分の考えを持っている	0・1・2・3
・想像力が豊かで、内的世界に関心がある	0・1・2・3
・ずいぶん以前の出来事にもかかわらず、こだわったり、悩むことがある	0・1・2・3
・おしゃれにはあまり興味がない	0・1・2・3
・何事にも慎重で冷静	0・1・2・3
・他者の悩みや苦しみを自分のことのように感じる	0・1・2・3
合計	点

気質のレーダーチャート

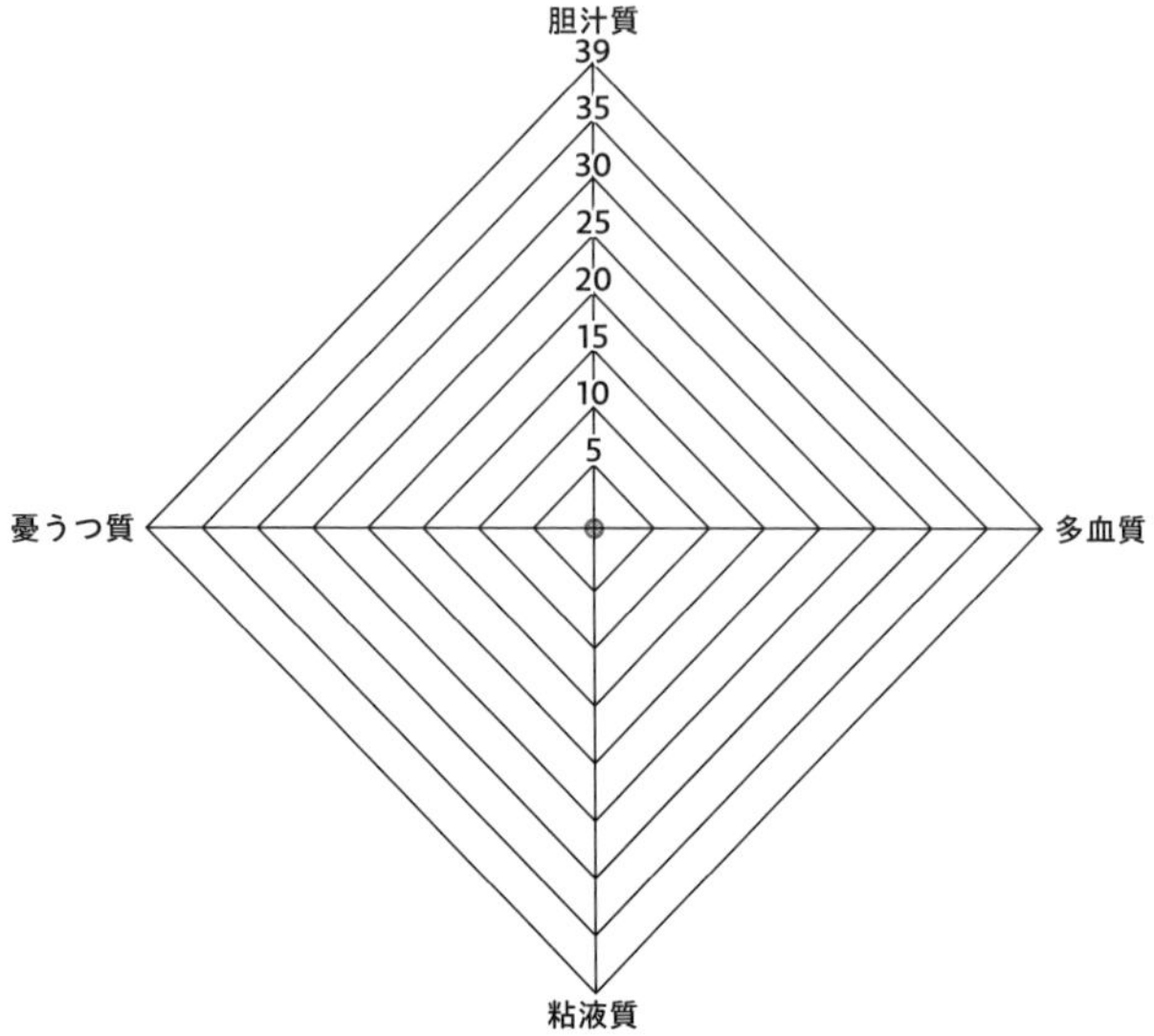

ある子どもの気質のレーダーチャート

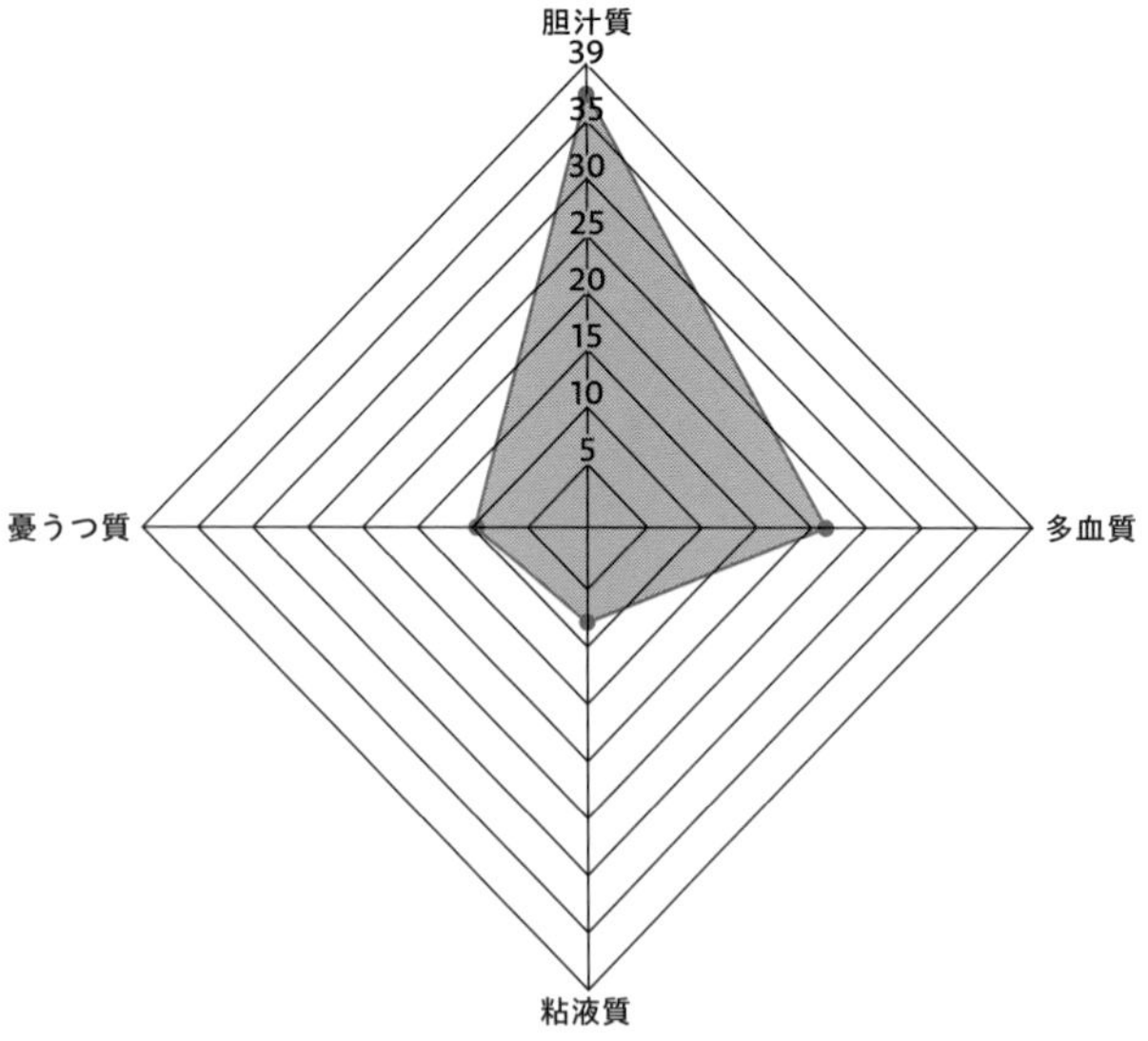

4つの気質の関係（正反対の気質）

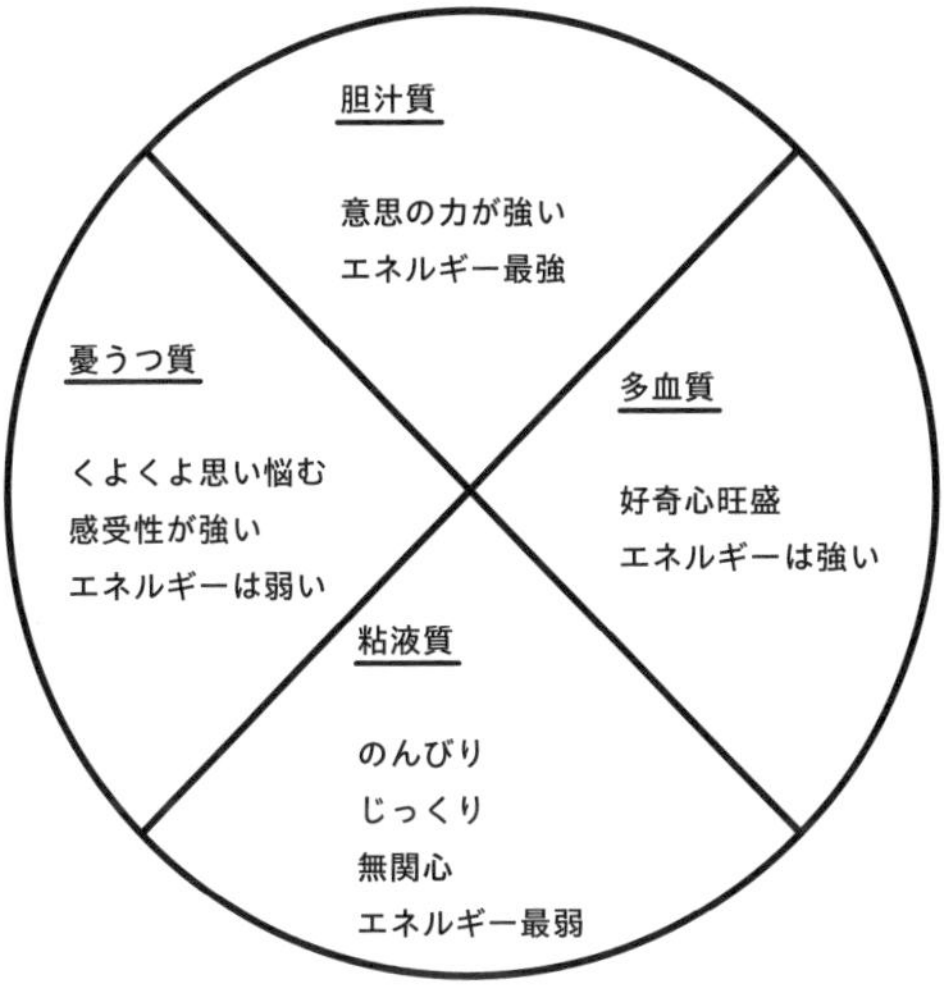

シンイチくん親子の気質の比較

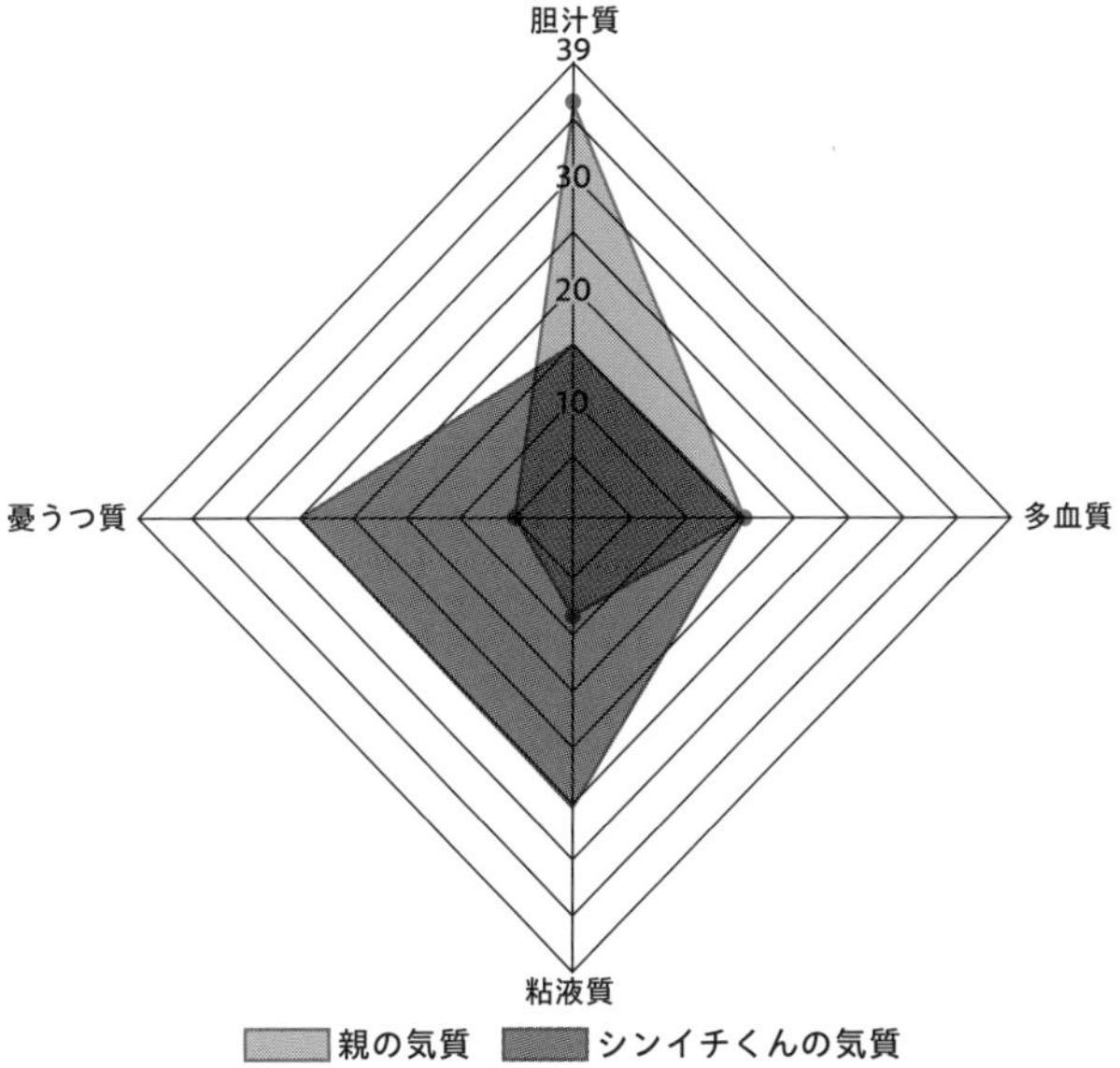

正反対の気質

気質を理解するうえで大切なことは、**すべての人が、濃淡こそあれすべての気質の特徴を持ち合わせている**ということです。

「どの気質か」ではなく、「どの気質がどれくらいあらわれているか」を知ることが大切です。

私たち大人同士でも、なぜだか分からないけれど、「気の合う人」と「気の合わない人」がいるのではないかと思います。

夫婦で話をしていても、「なぜこの人はこういう考え方をするのだろう?」「私の気持ちがまったく分かってもらえない」などと感じることがあるのではないでしょうか?

子育てでも同様です。

親子であるにもかかわらず、考え方も感じ方も、行動の仕方もまったく違っていたりすることがあります。

そんなとき、気質という視点で考えるとスッキリします。

95ページの上の図を見てください。

4つの気質には正反対に位置するものがあります。胆汁質と粘液質、多血質と憂うつ質です。

自身の最も強く出る気質と、子どもの最も強く出る気質を見てみましょう。

95ページの図のように、レーダーチャート使って、親子の気質を重ねてみるとより視覚的に理解できるかもしれません。

たとえば下の図は、シンイチくん（5歳）親子のレーダーチャートです。

シンイチくんのお母さんは、いつも子育てに悩んでいます。

何をするにもてきぱきとこなすシンイチくんママは、気質のチェックをしてみると、胆汁質の点数が最も高く、憂うつ質と粘液質の点数がとても低いようです。


一方でシンイチくんはというと、お母さんとは正反対。

粘液質と憂うつ質が強いようですから、お母さんは気質の違いを理解しないと、受け止め方や関わり方に苦労しそうだと分かります。

まとめ

☑ **「どの気質か」ではなく、「どの気質がどれくらいあらわれているか」を知ることが大切**
☑ **気質の違いを理解すると、受け止め方や関わり方が見えてくる**

4

胆汁質（勧善懲悪・猪突猛進タイプ）

胆汁質の特徴

胆汁質の人の言葉使いは簡潔で単刀直入《たんとうちょくにゅう》。はっきりと意見を述べます。

また、計画的できっちりと物事を進めることができ、一旦目標を定めると、まっしぐらにそれに向かいます。

力に満ち溢れ、積極的な性格で、リーダーシップもあり、強い意志の力がみなぎっています。

季節で例えると「夏」

胆汁質の人は、季節でいうならば夏です。

燃えさかる夏のエネルギーの持ち主であるということができます。

常にエネルギーに満ち溢れていますから、目標に向かって前向きに、まっすぐに進んでいくことができます。

決断力も判断力もあり、グループの中ではリーダー的な役割を担《にな》うことでしょう。

地水火風で例えると「火」

地水火風で例えると、胆汁質の人は、燃えさかる火であるということができます。

熱い心の持ち主で、その熱は近くにいる人へも影響を与えます。

そしてそれは、時に相手を火傷《やけど》させてしまうほどの勢いです。

熱い思いを持ち、熱心に行動するのですが、ときに思いが強すぎて他の人を傷つけてしまうことがあります。

動物に例えると「肉食獣（肉食恐竜）」

胆汁質の人は、動物に例えると、肉食獣や肉食恐竜です。

話し合いになったりすると、自分の思いを熱

く語り、決してその考えを曲げようとしません。

また、物言いが強いために、相手を攻撃し、傷つけてしまうこともあるようです。

胆汁質の大人はこんなほめ方・叱り方に気をつけよう

大人になると、社会的な生活に慣れてくるからか、普段の生活場面では気質の違いは出にくいと言われています。

それは、大人になるにつれて4つの気質をバランスよく備えるようになるからです。

一方で、気質による違いは特別な場面や突発的な事態に遭遇したとき、または緊急事態に遭遇したときに、強く出ます。


ここからは、気質ごとのほめ方・叱り方を、4コママンガを見ながら考えてみましょう。

胆汁質の親は感情のゆくえを意識する

胆汁質の親は、**「感情のゆくえを意識する」**とよいと思います。

特に怒りの感情は要注意。

胆汁質の親は、悪気はなくとも、いつも言い方が強く直球です。

強い球は、投げるほうは全力投球をしてすがすがしいかもしれませんが、受け止める側は痛いのです。

胆汁質の親は感情に任せるのではなく、受け止める側の立場に立って、柔らかいボールを投げてみましょう。

ここからは、子どもの気質ごとにほめ方、叱り方のポイントを見ていきます。

子育てでよくあるシーンをあげながら、親子の気質の組み合わせを変えて、対応の仕方を例示しています。

ご自身とお子さんの組み合わせはもちろん、身近な人との組み合わせの部分も読んでみると、相互理解につながりますよ。

それでは具体的に見ていきましょう。

言い換え前

胆汁質親 × 胆汁質子

解説

まず「親が冷静になる」ことが大切

胆汁質の親と胆汁質の子どもの場合は、**親がまずは冷静になりましょう。**

胆汁質の親は、胆汁質の子どもと基本的には息が合うはず。

ただし同じ気質を持つので、物事を進めるペースも思いも重なってしまい、ぶつかることが多いようです。

ほめ方&叱り方のコツ

ポイント 胆汁質の子どもの思いを、冷静に受け止めよう

胆汁質の親は、感情がストレートに出てしまう傾向にありますので、子どもの言葉を真正面から受け止めてしまうと、バトルになってしまうことがあります。

周囲のためにも、日々穏やかに暮らしたいですね。

マンガのように、「なんでないの?!」と言われたら、「ここにあるよ」と冷静に伝えましょう。

「これ嫌いって言ってるじゃん!」に対しては、「うんうん、嫌いなんだね」と感情を受け止めるだけでOK。

そのうえで、子どもの感情が落ち着くのを待ってから「少しだけ食べてみようか」と伝え、少しでも食べられたら「食べられたね」と伝えるといいでしょう。

ポイント　叱るときは短い言葉で、端的に

叱り方の基本は、短く、具体的に伝えるということです。

胆汁質はついつい熱くなりがちですが、長々と感情を伝えても、子どもには伝わりません。「叱るとは、何をどうすればいいのか伝えること」というポイントを思い出してくださいね。

もしも怒りがこみあげてきたら、すぐに出してしまわないで6秒待って。

これは「6秒ルール」といって、怒りの感情と上手につきあうためのアンガーマネジメントの1つです。

その間に目を閉じて深呼吸し、怒りの感情をやりすごしましょう。

言い換え後

胆汁質親 × 胆汁質子
朝
なんで着替えがないの?
ちょっと待っててね探してあげる
ホラあったよ
これ嫌いって言ってるじゃん
うんうん
嫌いなんだね少しだけ食べてみよっか
食べられたね!
いいね!!
ぱく
とはいえ
BATTLE!!
胆汁質
胆汁質
いつもうまくはいかない胆汁質パパ
深呼吸…
そんなときは
すー…
はー…
目を閉じて6秒間だけ我慢、我慢

言い換え前

胆汁質親 × 多血質子
朝
おーはーよー
Bくん おはよう
早く準備しちゃいなさいよ!
は〜い
あっ
はーーい
Bくん準備して!? 保育園におくれちゃうんだよ!??
おっ
Book
TV
ピッ
何やってるの! ママお仕事なの! いい加減にしなさい!!
あはは
Tan
ママ くつ下がないよー
あるでしょ ここにっ よく見なさいよ もーー!!
毎日 毎日

解説

気がそれてしまうことを「責めない」

多血質の子どもはやる気はあるのですが、気持ちがそれてしまいがちで物事が進まないことが多いようです。忘れっぽいところもあるので、一度決めたら一直線な胆汁質の親にとっては「なぜ?」と思うことも多いはず。

あちこち気がそれてしまうことにイライラすることもあるかもしれませんが、「なんでできないの」と責めるのではなく、近づいて目を合わせてゆっくり話すと伝わりやすいと思います。

ちなみに愛情ホルモンと言われるオキシトシンは、触れ合いによってたくさん分泌するのですが、実はアイコンタクトによってもオキシトシンが多量に分泌されることが分かってきました。

ほめ方&叱り方のコツ

ポイント いいところを大いにほめよう

多血質の子どもは、好奇心旺盛でキラキラしていますから、そういうところを伸ばしていきたいものです。

朝からいろいろなことに興味津々《しんしん》ですから、まずは近づいて、目を合わせて「おはよう」とにこやかに挨拶しましょう。頭をなでたり、ぎゅっと抱きしめてあげてもいいですね。

そして、できたことは一つひとつほめるようにしてみましょう。

ポイント **叱るときは一度立ち止まろう**

多血質の子どもは、必要なものが見つからないといったトラブルが起きるとパニックになり、右往左往《うおうさおう》してしまいます。

そんなときには、遠くから大声で伝えても逆効果。親も一度手を止めて、子どもの視界に入って何をどうすればいいのか伝えましょう。

また、テレビを消しておく、おもちゃを片付けておくなど、あらかじめ気が散らないような工夫も大切です。

どうしても気が散ってしまうときは、その都度しっかり目を合わせて声をかけましょう。

また、**胆汁質の保護者が多血質の子どもに関わる際に覚えておきたい魔法の言葉があります。**

それは「**まあいっか**」です。

イライラしそうになったらいったん落ち着いて、「まあいっか」と唱えてみてくださいね。

言い換え後

胆汁質親 × 多血質子
朝
おーはーよー
Bくん おはよう
今日も早起きだね
まずほめる！
興味のまま遊び始めてしまったら
しゃがんで
Bくん着替えようね
目を合わせる
Book
テレビなどは影響を受けやすいのではじめからつけない
OFF
Bくん
あっハト!!
←それでもいろんなコトに興味が向いちゃう
Bくん着替えようね
このときも目を合わせて。
ママくつ下がないよー
ママも探すね。
ここにあるよー
どうぞ
ありがとー

言い換え前

胆汁質親 × 粘液質子
朝
Cくんは寝るのが大好き
早く起きなさい!
Zzz
ようやく起きたけどリビングでのんびりするのも大好き
何ボーッとしてるの
早く着替えてご飯食べなきゃでしょ?!
それでもなんだかゆっくりなCくん
ゆっくり…
イラ
イライラ
イラ
何やってるの!
早く着替えなさいって言ってるでしょ!!
ボク一生懸命やってるのにな
ボーッとしていると思われがちなCくん
でもCくんなりに一生懸命早くやっているんです
まったく
もうっっ

解説

相手の思いや行動に寄り添い、「信じて待つ」

胆汁質の親にとって、粘液質の子どもは正反対の気質ですから、最も注意が必要です。

胆汁質の親に最も必要なことは、相手の思いに寄り添うということ。

胆汁質の人は、自分でてきぱきと何でもすることができるので、どうしても自分に他者を合わせたくなってしまいます。のんびりとした粘液質の子どもを見ると、イライラしてしまうのです。

イライラし始めたら、「あ、自分に合わせようとしてしまっているな」と感じてください。

そして、粘液質の子どもの、**「できているところを見る」**こと。本人なりに自分のペースでやろうとしているので、少しずつ前進しているはず。

いずれエンジンがかかり、思いもよらないスピードで動き始めるので、そのときを信じて待ちましょう。

ほめ方&叱り方のコツ

ポイント **よく観察してみよう**

胆汁質の親は、のんびり屋さんの粘液質の子を見ると「まだ何もやっていない！」と思ってしまいがちです。

普段から「またぐずぐずしている」と決めつけていると、お子さんの「できていること」を見逃してしまいます。「早くしなさい！」と言いたくなったら、些細《ささい》なことでもいいので、まずは何かできていることがないか探してみてください。

その変化に気づいたことを伝えれば、お子さんも安心できますよ。

ポイント 「待つ」ことが大事

待つことが大事だと分かっていても、胆汁質の親は待つのが苦手。

難しいことだとは思いますが、一度「できるんだ！」と分かれば、少しずつお子さんを待つこともできるようになっていくはずです。

忙しいときは難しいかもしれませんが、時間の余裕があるときからチャレンジしてみるのもいいですよ。

言い換え後

胆汁質親 × 粘液質子
朝
寝るのが大好きな粘液質の子はなかなか起きられません
うーん
夜9時には寝られるといいいんだけど
要改善ね…
リビングでボーッとしているように見えて……
何ボーッとしてるの
…おや？
手にはくつ下が！
着替えようとしてた！
！
母が洗濯を終えてもまだ同じ姿勢かと思いきや……
まだボーッとして……
…ハッ
なんと
くつ下は履いている！
!!
ご飯
着替え
もぐ もぐ
全部自分でできてる!!
今まで口うるさくしてたのなんだったんだろ
「信じて待つ」ことが大切なんだね
胆汁質は待つのニガテだけどね…！

言い換え前

胆汁質親 × 憂うつ質子

子どもの繊細な思いに気づく

胆汁質の親はブルドーザーのように力強く行動し、言葉も強く、ときに相手の気持ちを考えずに言葉を発してしまいます。

憂うつ質の子どもの心はガラスでできています。透き通っていて美しく、そしてもろいですから、そのガラスの心をブルドーザーで壊してはいけません。

憂うつ質の1つの特徴は、人から言われたことをしっかりと覚えていること。一方胆汁質の人は、言ったことも言われたこともコロッと忘れてしまいます。

また、憂うつ質の子どもは、親がたとえ忘れていたとしても、「お父さん、フレンチトースト忘れてるよ！」とは教えてくれません。親が忘れていることに、ただただ傷ついてしまいます。

このように、憂うつ質の子どもはとても繊細で傷つきやすいので、その繊細な気持ちに気づくことから始めましょう。

ほめ方&叱り方のコツ

ポイント くよくよしているときに「いい加減にしなさい！」はタブー

憂うつ質は、一度傷ついたらいつまでもくよくよしてしまいがちです。

第1章で、子どもの心にはビデオカメラがあると書きましたが、憂うつ質の子どもの心では、傷ついたときの動画が繰り返し再生されていると思ってください。

いつまでもくよくよしている子を見て、イライラして「いい加減にしなさい！」と怒鳴りたくなってしまうのも胆汁質の親の特徴です。

しかし、**これが憂うつ質の子どもには最もよくない叱り方**です。

ポイント 感じ方に寄り添い、肯定的に受け止める

憂うつ質の子どもは、本人なりにいろいろと感じています。その感じ方に寄り添うことが胆汁質の親には求められます。

子どもが感じ、考えていることは何か、ゆっくりと待ち、「ほんとだね」「よく気づいたね」と感じ方、考え方を肯定的に受け止めましょう。

それが憂うつ質の子どもの心の糧《かて》になるでしょう。

言い換え後

胆汁質親 × 憂うつ質子
緊急事態!!
胆汁質の人はこんなとき要注意
自分のことばかりで周りに目がいかなくなりがちです
そんな時は
深呼吸…
すー…
はー…
憂うつ質の子は冷静に親を見ています
ごめん Dちゃん パパ寝坊しちゃった
目を見て伝える
今急いで準備するからね
うん
約束は忘れない工夫を
6
リマインド
このタイプの子はしっかり覚えて楽しみにしてるよ!
私、ちゃんと覚えてるよ
もしできなくても
明日でもいいかな?
ごめんね
いいよ!
「忘れていない」ことを伝えてあげよう

5

多血質（お人よし・お調子者タイプ）

多血質の特徴

多血質の人は、好奇心旺盛で何にでも興味を持ちます。

常にいきいきとした表情をしていて、目が輝いており、なんにでも取り組もうとする積極性も持ち合わせています。

性格は朗《ほが》らかで、だれとでも仲良くなることができます。動きも軽やかでおしゃべり上手なので、多血質の人がいるとその場が明るくなるのが特徴です。

好奇心旺盛である一方で、飽きっぽく、長続きしません。

だれとでも仲良くなることができるのですが、広く浅い付き合いが多く、深い付き合いに発展しづらいようです。

季節に例えると「春」

そんな多血質の人は、季節でいうならば春です。花が咲き、緑あふれる華やかな季節です。みずみずしい心の持ち主で、冬の間眠っていた生き物が一斉に顔を出したかのような、にぎやかな性格です。

地水火風で例えると「風」

多血質の人は、春風のように軽やかであたたかい存在だということができます。

ただし、軽やかすぎて地に足がつかず、理想や妄想を追いかけてしまうようなところも。

動物に例えると「蝶や小鳥」

動物に例えると、蝶や小鳥だということができます。春風に乗って軽やかに舞い、生き生きと動き回ります。

また、小鳥のようにどこでもおしゃべりすることが大好き。明るくにぎやかであり、やかましい存在でもあるということができます。

多血質の大人はこんなほめ方・叱り方に気をつけよう

子どもの気持ちを真剣に受け止めよう

多血質の大人は、おおむねいずれの気質の子どもともうまく関わることができます。

気をつけることはただ1つ。

「子どもの気持ちを真剣に受け止めよう」ということです。

多血質の大人が子どもの気持ちを真剣に受け止めていないということではありません。本人としては、一生懸命子どもの気持ちを受け止めているつもりなのですが、好奇心旺盛なためすぐに興味が他へ移ってしまいます。

子どもが真剣に悩んで打ち明けた話を、しばらくするとすっかり忘れてしまっているとか、軽率に話してしまうなんてことが頻繁に起こるのです。

大切なことはメモを取るなどして忘れないようにし、あちこちで話すことのないようにしましょう。

子ども一人ひとりと「真剣に向き合い忘れない」。そして「あちこちで話さない」ということを心がけましょう。

さて、多血質の大人がそれぞれの気質と向き合う際に、どのようなことに気をつければよいのか、ここでも4コママンガで見ていきましょう。

多血質親 × 胆汁質子

こんなとき、どうしたらいい？

解説

あわてず、一旦落ちつこう

多血質の親は、緊急事態があると我を忘れて対応しようとします。そういう多血質の親に対してイライラが高まります。
そのこと自体は悪いことではないのですが、胆汁質の子どもは、
胆汁質の子どもは、きっちりとしたスケジュールを立てて行動することに喜びと安心を感じる反面、自分なりの「正しい」スケジュールが乱されてしまうと攻撃的になることがあるのです。

ほめ方＆叱り方のコツ

ポイント　**攻撃的な言葉の裏にある気持ちを推し量る**

胆汁質の子どもは「自分も寝坊した」ということを棚に上げて親を責めていますが、それに真正面からぶつかってはいけません。それを指摘すると、さらに激しく反応します。

胆汁質の子どもの攻撃的な言葉の裏には、「ちゃんとやりたい」「急いで準備したい」「自分も寝坊したことへの罪悪感」などなど、実はいろいろな思いが複雑に絡み合っています。

そうした思いを上手に表現できないために、攻撃的で短い言葉をぶつけてしまうのです。

多血質の親はそうした思いを真正面から受け止めすぎない傾向にあるので、胆汁質の子どもに

とっては相性がいいとも言えます。

ポイント 今後の見通しを具体的に伝える

胆汁質の子どもが少し落ち着いてきたら、「あとどれくらいで出発できるのか」、つまり今後の見通しを明確に伝えましょう。

「（10時出発の予定が11時になるなら）11時には出発するからね。Aくんも11時に合わせて準備してね」と伝えてあげましょう。

もっと言うならば、「準備ができたら11時までお父さんと絵本を読んで待っていてね」などと行うことを具体的に伝えられるとよいでしょう。

胆汁質の子どもは、寝坊したとしても、しっかりと目標の時間に合わせて行動しようとします。

それをちゃんと見ていると伝えると、モチベーションをあげて行動するようになりますよ。

また、何事も自分で決めて行動することが好きなので、「おやつはAくんに任せるから、おやつの準備をしてね」と部分的なことを任せると、ことがスムーズに運ぶでしょう。

言い換え後

多血質親 × 胆汁質子

多血質親 × 多血質子
今日は遊園地！
寝坊したー!!
おはよ〜
急げ〜
遊園地着くの遅れちゃうよーー！
ほんとだ寝坊しちゃったね
あれっ水筒のパッキンがないっ
バタバタ
着替え着替え、
も〜ボタンがうまくとまんないな〜
ママ
ピッピッ
お洋服裏返しだよ！
うわほんとだ！
ねーぼくが言ったとおりでしょー
ほんとだ〜もぉ〜遅れそうなのにママやっちゃったわ〜
わっはっは!!
まぁいっか！
いいのかなぁ…
まだ裏返しなんですけど！

解説

周りへの配慮を忘れずに

夫婦で多血質、また子どもも多血質というのは、朗らかでいい雰囲気の家庭になります。何があっても笑いが絶えませんし、親も子も「まあいっか」が合言葉のようになるでしょう。

しかし、次のような場合は気をつける必要があります。

まずは「笑えないような緊急事態」が発生した場合です。

そんなとき、多血質は親子で動揺してしまい、みんなで大騒ぎしてしまうことがあります。

周りが見えなくなってしまうのも分かりますが、特に他人に迷惑をかけてしまった場合には、他者への配慮が必要であることに気持ちを向けましょう。

それから、**家族に多血質以外の人がいる場合も配慮が必要です。多血質の人が気づかないような、傷ついた気持ちや怒りを抱いていることがあるので気をつけましょう。**

ほめ方&叱り方のコツ

ポイント　ほめるときは、「できたことを1つずつ丁寧に」

多血質の親子の場合、波長が合うのでそれほど大きな問題は生じません。ほめるときは、「早く起きたね」「準備もできたね」「歯磨きしたね」など、1つずつほめればOK。

多血質の親は、子どもができたことを一つひとつ見るのが苦手ですから、意識して丁寧にほめてあげましょう。

ポイント 叱るときは「次からどうするか」を伝えよう

一方で、多血質同士の場合、叱り方が難しいと感じることが多いようです。なぜなら、親自身も注意が散漫で、忘れっぽいところがあるからです。ですから、**できなかったことをとがめるような叱り方ではなく、次からどうしたらよいかを考えて伝えるとよいでしょう。**

寝坊した↓「一緒に早く寝ようね」
忘れ物をした↓「一緒に明日の準備をしようか」
友だちを叩いた↓「嫌なときは、『イヤだ』って言葉で言おうね」
特に幼児期は、何事も一緒に行うことが大切です。「一緒にやろう」というフレーズをうまく盛り込むと、お子さんも「やってみよう」という気持ちになりますよ。

言い換え後

多血質親 × 多血質子
寝坊してしまった次の日は
明日起きられるように一緒に早く寝よう!
一緒に寝る
忘れ物をしてしまったら
今日帽子入ってなかった!
じゃあ一緒に準備しよ!
うん!
ハイ帽子入れよ
一緒に準備
お友達に手が出てしまったら
おっとぉ—
えいっ
嫌なときは「イヤだ」って言えばいいんだよ
まだその車使っていたかったんだね
うん
具体的に教える
まだ使いたかったんだ おしてごめんね
そっかいいよー
では済まないこともあるから
ふだんは和やかで楽しい親子だけど
わっはっは!!
まあいいか!
次はこうしてみよっか
うん
何か起こったら一緒に向き合うことが大切だね

言い換え前

多血質親 × 粘液質子

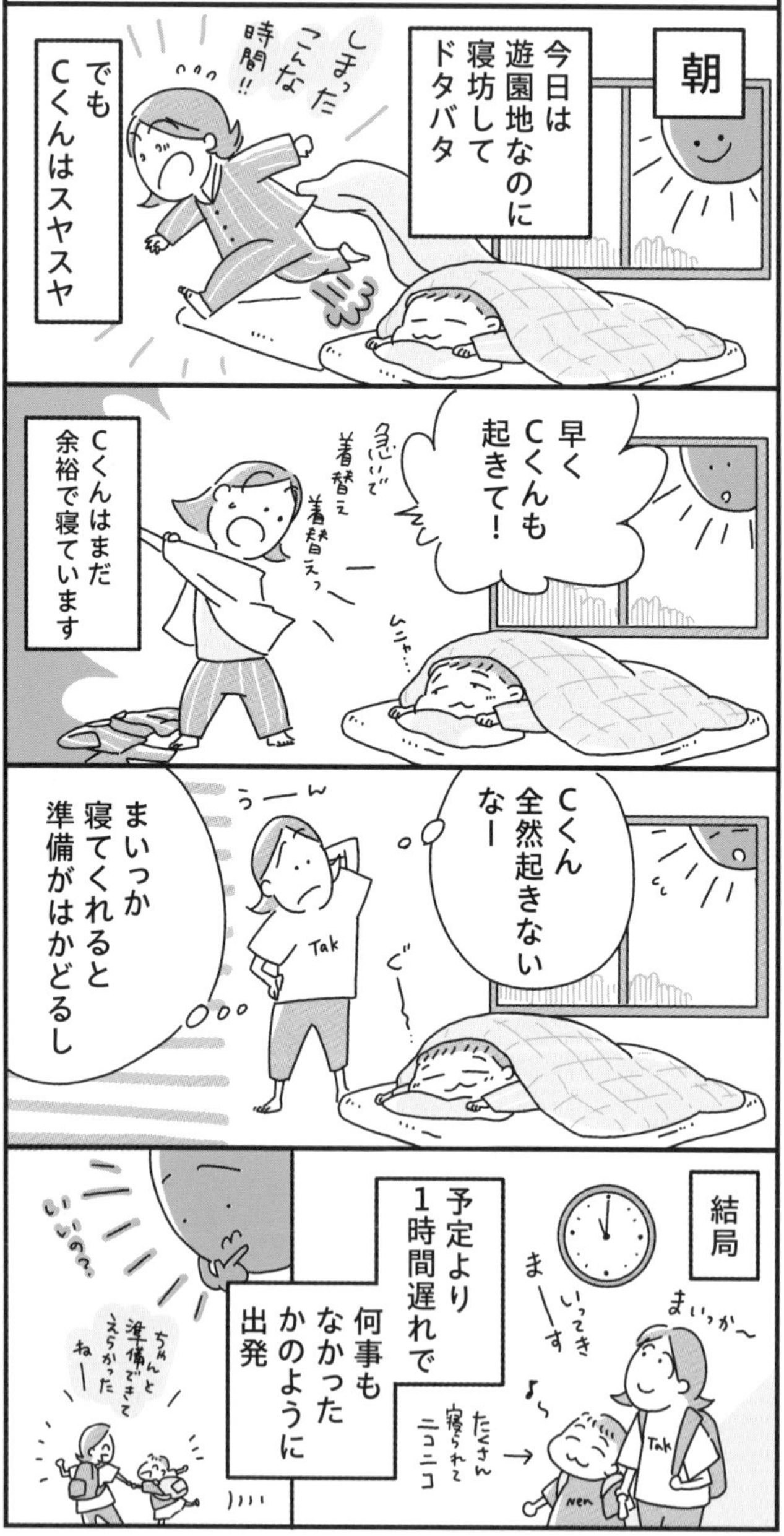

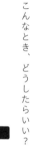

解説

多血質の好奇心で子どもの興味を引き出そう

粘液質の子どもの特徴は、一言で言うならば「マイペース」です。そのマイペースさを理解し受け止めることが親には大切です。

多血質の親はその点、とてもおおらかに粘液質の子どものマイペースさを受け止めることができます。

そして**もう1つ大切なことは、「無関心」な粘液質から「関心」を引き出してあげること。**

自分の興味のあることには熱中する粘液質の子どもですが、それ以外のことには無関心になりがちです。一方、多血質の親の周辺では、よくも悪くもいろいろなことが起こります。

粘液質のマイペースさを受け止めつつ、さまざまなことを経験させてあげましょう。

ほめ方&叱り方のコツ

ポイント　子どものペースを尊重しよう

粘液質のほめ方のコツは、子どものペースを尊重して、できたところをほめること。

寝坊したとしても、自分で起きてきたのなら、「自分で起きてえらいね」、ゆっくりでも準備したなら「自分で準備できているね」と伝えましょう。

何もしていないように見えても、自分のペースで物事を進めているのも粘液質の特徴です。**注意が散漫な多血質の親にとって、粘液質の子の「できていること」を見つけるのは難易度が高いかもしれませんが、気づいたことはすぐに伝えていきましょう。**

ポイント 「早くしなさい」はＮＧ

粘液質の子どもはマイペースですから、胆汁質の親同様、多血質の親もつい「早くしなさい！」と言ってしまいがちです。

親に悪気はないにしても、とっさにこのＮＧワードが出てしまいます。

ＮＧワードは百害あって一利なし。そのことをしっかり心に刻んでおきましょう。

そのうえで、お子さんを信じて待つという姿勢を基本に、必要に応じて「11時までには出発するから、まずは着替えてね」「着替えてご飯食べようね」など、具体的に何をすればよいかを伝えます。

こうすることで、親子の関係はさらによくなっていくことでしょう。

言い換え後

多血質親 × 粘液質子
朝
母は寝坊してドタバタ
しまった こんな時間!!
Cくんはスヤスヤ
ようやく起きたCくん
おはよう
ちゃんと起きられたね!
※「ようやく起きたの!!」ではなくできたことをほめる。
準備はのんびりでも
自分で着替えてるね!
よいしょ よいしょ
※「まだ着替えてるの。早くして!!」ではなく、ここでもできていることに目を向ける
そして
11時に出発ね
短い針が11だよ!
うん
ズボ
ある程度時間を明確に伝える
予定より遅れたけど
寝坊したけどがんばって準備したねー!!
ニコニコで出発!

言い換え前

多血質親 × 憂うつ質子
今日は遊園地！
寝坊したーー!!
大変だ大変だーー！
寝坊しちゃった……
さいあく…
いそげっ
バタバタ
遊園地でたくさん遊びたかったのに
パパなんで起こしてくれなかったの……
あれDちゃんまだ…
ドタドタ
痛
Dちゃん
寝てないで準備しなきゃだよ
パパも忙しいからっ
起きて〜
……
さ〜っ
したくしたくっ
のそ…
……
ドタバタ
複雑な思いを
表情にも言葉にもしないDちゃんです

感受性の強さを受け止めよう

憂うつ質の子どもは、とても感受性が強く、喜びも悲しみも苦しみも他の人より強く感じるのが特徴です。

ともすると**多血質の親は、「そんなこと大したことないよ」と軽く受け流してしまいがちですが、実はそのように軽く扱われることが、憂うつ質の子どもにとっては最もつらいこと。**

憂うつ質の感じ方を、多血質の親も感じることができるかどうかがポイントです。

憂うつ質の子どもの気持ちを受け止めるためには、カウンセリングが参考になります。詳しくは第3章で述べますが、相手が言ったことを繰り返したり、感情の明確化をするなど、カウンセリングの技法を身につけてみましょう。

例えば、「約束の時間に遅れちゃう」と憂うつ質の子どもが言うなら、「約束の時間に遅れちゃうのが悲しいんだね」。

「約束を忘れるなんてひどい」と言うなら、「そうだね、約束していたのに忘れちゃったね、ひどいね。ごめんね」と憂うつ質の子どもの気持ちを受け止めることが大切なのです。

ほめ方&叱り方のコツ

ポイント 気持ちを言葉にするお手伝い

憂うつ質の子どもには、特に「あなたのことをしっかりと見て、受け止めている」ことを伝えることが重要です。どうするかというと、その子の残念な気持ちを、代わりに言葉にしてあげればよいのです。

幼児期は、複雑な気持ちを言葉であらわすことができないので、**憂うつ質の子どもは何も表現できないことが多々あります。その気持ちを代弁することで、「受け止められている」と安心することができる**のです。

ポイント 多血質の特徴を生かして子どもを導く

感受性が豊かで、気持ちの切り替えが難しい憂うつ質は、うまくいかないことがあるといつまでもくよくよしてしまいがち。

しっかりと気持ちを受け止めた後は、「遊園地についたら何しようか?」「メリーゴーラウンドに乗ろうね」など、「これからの見通し」を具体的に伝えてあげましょう。

多血質のいい面をしっかり出して、朗らかに子どもを導いていけるといいですね。

言い換え後

多血質親 × 憂うつ質子
今日は遊園地!
寝坊したー!!
大変だ大変だー!
遊園地遅れちゃう〜
急げ〜
準備しつつ子どもの様子を見る
さいあく…
Dちゃん
出発が遅れて残念な気持ちなんだね
……
ショックで動けないDちゃんには
ほら見て
11時に出れば
12時には着くよ
着替えてご飯食べよう!
もぞもぞ
見通しを示してあげる
うん
おっ起きられたね!
遊園地に着いたらお昼を食べて
メリーゴーラウンド乗ろっか
うん!
そして前向きな見通しを伝えると元気が出るDちゃんでした
多血質の
強みを
楽しく
伝えよう!

6

粘液質（おっとり・粘り強いタイプ）

粘液質の特徴

粘液質の人は、歩き方や手の握り方、まなざしまで穏やかでおっとりとしています。

いつもマイペースで優しい気持ちの持ち主。いつもニコニコしていて、夢見がちな表情。同じことを何度も繰り返すようなことが好きで、毎日のルーティンをこなすことで安心するタイプです。

また、粘り強くものごとを成し遂げる力があります。

興味のあることには熱心に取り組みますが、そうでないものには関心をまったく示しません。

そして、ニコニコしているけれど、何に興味があるのか分かりにくい、物事に取り掛かるまでに時間がかかるなどの特徴があります。

季節に例えると「冬」

冬の森を想像してみてください。草木の芽は寒さから身を守るように、自身の奥底に身をひそませてじっとしています。

同じように、暖かい部屋でこたつに入り、1人ぬくぬくと温まっている、そんなときに粘液質の人は最も幸せを感じます。

食べることや眠ることに関心が高く、休むことも大好き。

淡々と物事をやり遂げることができるのですが、そのことに集中しすぎて他に関心がいかないことも。

動き始めるのに時間がかかるのですが、一度動き始めると大きな力を発揮します。

地水火風で例えると「水」

水といっても、さらさらと流れる川の水ではなく、鏡のように静まりかえっている湖の水です。

朝露が太陽の光に照らされて輝く、そんな美しく穏やかな水の要素も持ちあわせています。

動物に例えると「牛」

広い牧場の草原で、静かに横たわる牛を想像してみてください。牛の目は眠っているのか半分閉じています。

粘液質の人は、そんなふうに穏やかにのんびりしている特徴があります。

時間があってもなくても、自分のペースを崩さずに生活することで安心できますが、ゆっくりしたペースに他の人がイライラしてしまうことも。

そのため、**「早くしてね！」と言われてしまうことがあるのですが、粘液質の人にとってはそれが一番苦手**です。

粘液質の大人はこんなほめ方・叱り方に気をつけよう

意識的に子どものいいところも悪いところもよく見る

粘液質の親は、穏やかでめったに怒りをあらわすことはありません。そのため、子どもたちはおおむね穏やかに過ごすことができるでしょう。

しかし粘液質の親は、目の前にある自身にとって関心のあることに集中してしまい、他のところに目がいきません。

ともすると「無関心」になってしまうことも。

ですから、**粘液質の親は、「目覚めた意識」で子どもを観察することが大切**です。

こうした特徴を持つ粘液質の親は、それぞれの気質の子どもとどのように関わっていくとよいのでしょうか。

言い換え前

粘液質親 × 胆汁質子

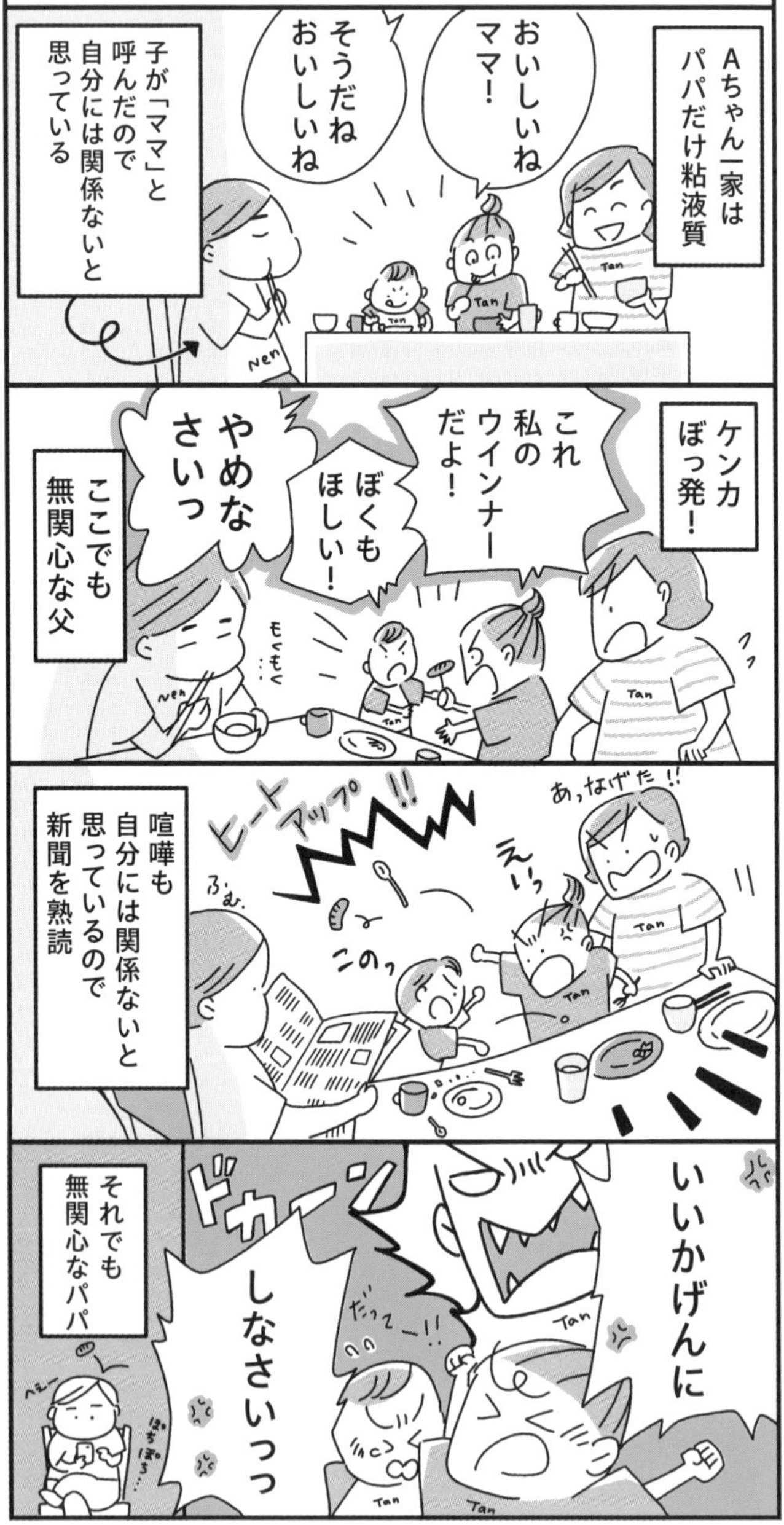

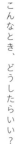

解説

目覚めた意識で、適切な行動を明確に示す

4コママンガのように、粘液質のお父さんは、自身が関心を持っている食事や新聞の情報にはとても興味を示します。

しかし、目の前で繰り広げられるきょうだいげんかや母親の苦労にはまったく興味がないため、視界に入りません。粘液質の親は意識をして、他者に関心を向ける必要があります。

4コママンガの場面では、胆汁質の母親がきょうだいと向き合い、悪戦苦闘してくれていますが、**粘液質の親が一人で向き合わなければいけない場合、子どもたちは粘液質の親から関心を向けられていませんので、満たされない気持ちになります。**

そうすると、園に持っていくものを忘れがちになったり、提出物が期限までに出せなかったりと、園生活（社会生活）にも支障を来《きた》してしまうこともあります。

ですから、粘液質の親は、「目覚めた意識で子どもと向き合う」ことを意識しましょう。

ほめ方&叱り方のコツ

ポイント　なるべく小さな芽のうちに関わる

粘液質の大人は、朗らかで子どもにとっても居心地がいいことが多いのですが、**子どもが不適**

切な行動を示した場合、厳しく叱ることが苦手です。

そのため、食事中にケンカを始めたときに、すぐにやめさせて、静かに食べるということを教えることも苦手です。

不適切な行動を示したら、なるべく早く（小さな芽のうちに）その行動を止めましょう。

ポイント　ほめるときも叱るときも、タイミングを逃さない

胆汁質の子どもは思いが強いため、行動が逸脱《いつだつ》しがちです。

そんなとき、とっさに行動を止めて注意してくれる厳しさを胆汁質の子は求めます。してよいこと、してはいけないことをはっきりと示してくれる大人に尊敬の念を抱くのです。

胆汁質の子どもの感情が高ぶってしまう前に、明確な枠組みを示してあげましょう。

「座って、食事をしましょう」など、何をどうすればよいのかをビシっと伝えます。

そして、適切な行動になったときにすぐさま「よくできたね」とほめるようにします。

粘液質は基本的にマイペースですから、タイミングを逃さないように気をつけたいですね。

言い換え後

粘液質親 × 胆汁質子

言い換え前

粘液質親 × 多血質子
いただきまーす
食べるの大好き粘液質
えーまたハンバーグ？
粘液質はリズムも大好き
月曜はハンバーグって決めてるの
ぱく
ぼく違うもの食べたい！
ハンバーグおいしいじゃない
おいし〜〜
違うの食べたいのに…
おっ
Tak
Nen
つみき
飽きて席を立ってしまうBくん
月曜のハンバーグ最高……
もぐもぐ
これやろうっと
Bくん食べないの？
ママ食べちゃうよ！
ん
遊びに夢中
Bくんを導くことができない粘液質母でした……
Bくんに食べてほしいな…
おいし

解説

ときには子どもが退屈しないような工夫をしてみて

粘液質の親と多血質の子どもは、とても穏やかに過ごすことができます。何が起きてもとやかく言わない親のもとで、多血質の子はのびのびとよさを伸ばすことができるでしょう。

ただし、**多血質の子どもは、好奇心が旺盛である一方で飽きやすい性格ですので、その点、やり始めたら粘り強く最後までやり遂げる粘液質の親とは正反対**です。

また、粘液質の親は変化することが苦手ですので、いつまでも同じことをし続けます。

例えば、食事について「月曜日は肉料理、火曜日は野菜中心……」などと決めると、徹底的にそのリズムを守ろうとします。

同じリズムが粘液質の親にとっては安心につながるのですが、多血質の子どもにとっては退屈に思えてしまいます。

自分が心地よくいられることも大切ですが、ときにはワクワク、ドキドキが大好きな多血質の子のために、「サプライズ」など特別感のあるイベントを考えてみてもいいと思います。

ほめ方&叱り方のコツ

ポイント **小さなことでも認めよう**

多血質の子どもはほめられるのが大好きです。

多血質の気質が強くあらわれているお子さんを育てているお母さんの中には、「うちの子はほめるとつけあがるので、ほめない」と言っている方もいましたが、私はとにかくほめることをおすすめします。

極端にほめなくても、小さなことを認めるだけで、多血質の子どもは飛び上がって喜ぶでしょう。

ポイント **叱らなければならない状況に気づく**

粘液質の親は、叱るのが苦手というだけでなく、そもそも叱らなければならない状況だと気づいていないことも多々あります。

そのおおらかさはとてもいいのですが、「叱るときは、叱る」というメリハリが大切です。

多血質の好奇心の強さは、落ち着きのなさと紙一重。まずは、何にでも興味がいってしまい、集中できていない、迷惑をかけているようすに気づくことから意識してみましょう。

言い換え後

粘液質親 × 多血質子
ママ！今日の夕飯なに？
今日はハンバーグだよ
えーまたハンバーグ？
こないだ食べたじゃん…
そうだよ でもね見て見て！
今日はなんと……
えっ なになに
特大ハンバーーグ!!
わーっっ
めちゃくちゃ大きい！
しかもハートマークでお顔もかいてあるーー!!
ぴょん ぴょん
すごいでしょう！
ふっふっふ
どーーん！
うん！
ママの特大ハンバーグ！
おいしーい!!
小さなサプライズでも子どもには効果的「いつも」の中のちょっとした工夫が威力を発揮します

言い換え前

粘液質親 × 粘液質子

解説

自分も子どもも目覚めよう！

不思議なもので、**同じ気質同士がいると、互いにその弱い部分・苦手な部分を意識して、改善しようと自ら思うようになります。**

例えば、粘液質の親を見て、粘液質の子どもは自然と「自分はあんなにのんびりとはしないようにしよう」と思いますし、「いろいろなことに興味を持とう」と思うようになります。

ただし、これはもう少し大きくなってからのこと。幼児期の子どもはまだ、他者を見て自らの行動を修正することはできません。

また、**イヤイヤ期や思春期などの成長の節目になると、粘液質の子どもには「がんこさが目立つ」「親の言うことを聞かなくなる」というようなことが生じます。**

しかし、粘液質は「問題に直面する」ことや、「問題を把握する」ことが苦手です。問題が大きくならないうちに対処できるよう、お互いに目覚めた意識でいることが重要です。

ほめ方&叱り方のコツ

ポイント　できているところを認め、目標を示す

これまでも書いたように、粘液質はじっくりと待てば、自分で気づいて行動できます。基本的

にはほめることも叱ることも必要ないタイプですが、問題が生じることもあります。それは、やる気スイッチがなかなか入らないときです。

そんなときは、できているところを認め、次の目標を示しましょう。

例えば、食事の時間なのになかなか遊びが終えられないときは、「電車で遊べて楽しかったね。片付けたらご飯食べようか」と、さりげなく遊びの終わりと次の行動を伝えます。

そのときは、肩を叩いてしっかりと目を見るなど、親に注目させることも忘れずに。

ポイント 前もって伝えることで、心の準備を促す

粘液質の親は叱るのが苦手ですが、子どもがなんでもやりたい放題なのは望ましくないですね。基本は目を見て短く伝えればＯＫですが、いつも切り替えに時間がかかるなら、次の行動に移る時間を前もって伝えておいてもよいでしょう。心の準備をしてもらうのです。

このやり方は、ある程度時間感覚が育っている必要がありますが、**①事前に終わる時間を伝える、②約束した時間になったら伝える、③アディショナルタイムを設ける（1分くらい）**という流れで試してみてください。

言い換え後

粘液質親 × 粘液質子
夕飯の時間です
Cくん ご飯だよ
事前の声かけに無反応のCくん
次はその場で声かけ
近づいて目を合わせる
Cくん電車で遊べて楽しかったね
片付けてご飯食べようか
まだ遊ぶ↓
アディショナルタイムを設定
タイマーかけるよー
じゃあと1分で片付けようね
それでも遊ぶ↓
Pi Pi Pi
ハイ電車は終わります
近づいて短く具体的に伝える
ご飯を食べようね
ピピッていった…
切り替えられると自分で片付けて手を洗い食卓につけるCくんです
よかった
いただきまーす
おもちゃ

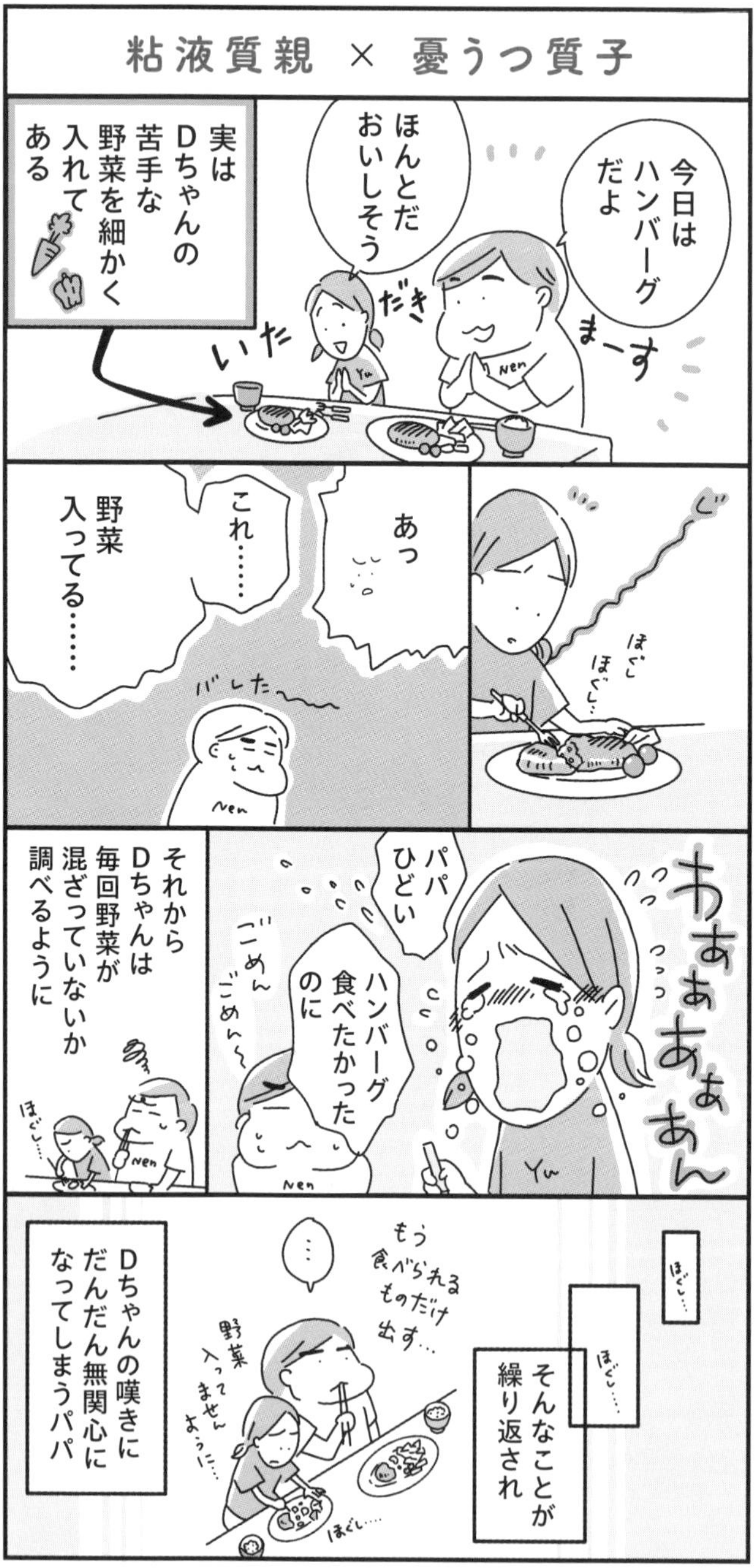
粘液質親 × 憂うつ質子
今日はハンバーグだよ
ほんとだおいしそう
いただきまーす
実はDちゃんの苦手な野菜を細かく入れてある
じ〜
ほぐほぐし…
あっ
これ……
野菜入ってる……
バレた〜
わぁぁあぁあん
パパひどい
ハンバーグ食べたかったのに
ごめんごめんごめん〜
それからDちゃんは毎回野菜が混ざっていないか調べるように
ほぐし…
ほぐし…
ほぐし…
そんなことが繰り返され
もう食べられるものだけ出す…
…
野菜入ってませんように…
ほぐし…
Dちゃんの嘆きにだんだん無関心になってしまうパパ

解説

無関心は不安を増大させる

憂うつ質の子どもの心は非常に繊細で、なんにでもよく気が付きます。また何につけても好き嫌いが激しく、ほんの小さな変化に対しても不安を抱くことがあります。

粘液質の親はそうした繊細さと傷つきやすさにあまり気がつかず、繰り返される嘆きにだんだんうんざりしてきてしまいます。

そしていつしか無関心に。粘液質の親からなんの反応もないと、憂うつ質の子どもはさらに不安が増します。

憂うつ質の子どもに必要なことは、安心と信頼ですから、子どもの不安な気持ちを想像し、寄り添うことができるといいですね。

ほめ方&叱り方のコツ

ポイント　1つ良いことをしたら4回ほめる

憂うつ質の子どもは、慎重に物事に取り組みます。

石橋を叩いて渡るような性格ですので、1つできたらその場でほめることがまずは大切。

そして2回目は、同じことをみんながいる前でまたほめてあげましょう。

3回目は夜寝る前、そして4回目は、翌朝また同じことを伝えます。

粘液質の親は同じことを繰り返すことが得意ですので、これは粘液質の親にはぴったりのほめ方です。

この「ほめる貯金」を積み重ねていくことで、憂うつ質の子に安心感を与えることができますよ。

ポイント 叱るというより、受け止める

憂うつ質の子どもは、叱るというより受け止めることが大切です。

とくに**粘液質の親は、繰り返し自分の気持ちを訴える憂うつ質の子どもを受け止めることが苦手です。**

「嫌だったね」「こうしてほしかったんだね」といったシンプルな言葉で構いませんので、**子どもが言葉で表現できなかった気持ちを受け止めて代弁してあげましょう。**

無関心になってしまわないよう、忍耐強く関わっていけるといいですね。

言い換え後

粘液質親 × 憂うつ質子
野菜を食べてほしいけどまずはおいしく楽しく!
ハンバーグだよ
ぱくぱく
パパのハンバーグおいしいね
野菜なしのDちゃんの大好きなハンバーグ
食事以外でもDちゃんの好きなことを一緒に!
さんぽ
ピクニック
ブランコ
パパといると楽しいな
楽しく過ごせたし少しだけ食べられるかな……
ドキドキ
ぱく……
野菜入りハンバーグ
やったね!
食べられた!
がんばったね!
食べられなくても
ううん
大事なのは親子の関係性
少しずつできることをふやそう!
うれしい!
がんばった!
食べられた!
できた!
少しずつ
粘液質の親は「頑張らないけどあきらめない」やり方で子どもと向き合うのが大切です

7

憂うつ質（感受性豊か・しっかり者タイプ）

憂うつ質の特徴

憂うつ質の人は、まじめで慎重、注意深い性格の持ち主。

常に冷静沈着で周囲をよく観察しています。

喜怒哀楽を表情や行動で表現することは少ないのですが、感受性は強いので気持ちは大きく動いています。

また、繊細な感性の持ち主でもあるため、芸術家などにも憂うつ質の人が多いと言われています。

季節に例えると「秋」

華やいだ夏が終わり、秋になると気持ちが少しずつ内側に向かいます。

何かにつけて感傷的になり、物思いにふける時間も増えてきます。

憂うつ質の人は、すべてのことを自分になぞらえて考え、考え込むことが好きなタイプです。

地水火風で例えると「土（大地）」

憂うつ質の人を地水火風で例えると、固い大地です。

しっかりとした土台がなければ私たち人間は真っすぐに立てません。

気持ちも体も固く、歩き方も大地に引き付けられるようです。

動物に例えると「フクロウ」

動物に例えると、闇夜に鋭いまなざしを向けるフクロウです。

フクロウは他の動物には見えないものを見

る目を持ち、静かなたたずまいをしていますが、ひとたび獲物《えもの》を見つけると素早い行動を示します。

憂うつ質の人はとてもまじめで一途なところがありますので、一度やると決めたら最後までやり通す意思の力があります。

憂うつ質の大人はこんなほめ方・叱り方に気をつけよう

憂うつ質の親は広い心で子どもを受け止めよう

子どもは親の思うようには育たず、親の言うようには行動しない、それは頭では理解しているけれど、子どもの行動一つひとつにイライラしてしまう……。

これが憂うつ質の親の子育てです。

憂うつ質の親は、子どもを自分の思うような枠にはめたがり、うまくいかないと子どもを批判したり叱ったりしてしまいます。

ですから、**憂うつ質の親は広く柔軟な心で子どもの心を受け止めるようにしましょう。**

特に、憂うつ質は心がなめらかに動きにくいので、まずは大人が子どもの気質に合わせていくことを心がけるようにするといいと思います。

このような憂うつ質の親は、子どもにどのように接していけばよいのでしょうか。それぞれの気質に対する接し方を見ていきましょう。

言い換え前

憂うつ質親 × 胆汁質子
今日は皆で楽しい外食
ファミリーレストラン
わーい!!
……のはずが
がちゃん!
わっ
こぼしちゃった!
あーあ……
こんなとこにジュースがあるから!
置いたのパパでしょ!
……
パパが悪い!!
あのね……パパ悪くないよどうしていつもそうなの
人のせいにしてないでちょっと考えてごらん
前もそうだったよね……
くどくど
くどくどくど
ハァ…
ほんとにね…
聞いてない

解説

悪循環にならないよう気をつける

憂うつ質の親は、子どものできないところや、苦手なところに目が向きがちです。そしてその部分について悲観的になり、批判的になってしまいます。

分かっているのにどうしてもそういう気持ちになってしまうのは仕方がないことですから、そういう自分もまた認めてあげてください。大丈夫です。

胆汁質の子どもは親のいいところも、そうじゃないところもちゃんと見て、そして認めてくれていますよ。

胆汁質の子どもに対してのポイントは1つ。一旦時間をおきましょう。

胆汁質の子どもは怒り始めると、火がついたように怒ります。子ども本人に悪気はないのですが、とにかく相手を責め立てて怒るので、言われた方は傷ついてしまいます。

特に、憂うつ質の親は繊細な心の持ち主ですから、結構傷つきます。傷ついた気持ちを癒すために、憂うつ質の親は子どもを長々と叱ってしまいます。

胆汁質の子どもが怒る→親が傷つく→親が叱る→胆汁質の子どもが怒るという悪循環が続いてしまわないように気をつけましょう。

ほめ方&叱り方のコツ

ポイント　ポジティブなところに目を向ける

憂うつ質の親は、子どもに限らずネガティブなところが先に見えてしまいますから、そこに注目してしまいます。

しかし、先ほどの4コママンガの場面で言うと、こぼしてしまって動揺し、当たり散らしているときに関わるのではなく、こぼれた床を拭き始めたところですかさず、「よく拭けたね」「ありがとう」とほめるのです。

それだけで、胆汁質の子どもは満足し、気分がコロッと変わることでしょう。

ポイント　子どもが落ちつくまで待って伝える

胆汁質の子どもが感情的になったときは、落ち着くまでそっとしておくことが最善です。

4コママンガの例なら、暴言はスルー。少し落ち着いたところで、「床を拭こうね」「こぼれたジュースを拭こうね」、もしくは「服が濡れたから着替えようか」などと淡々と伝えればOK。

子どもが乱暴な言葉を言うときは「気持ちを切り替えようとしているとき」ですから、真に受けて傷つかないようにしてくださいね。

言い換え後

憂うつ質親 × 胆汁質子
ジュースをこぼしてしまったAちゃん
がちゃん!
わっ
パパのせいだ
置いたのパパでしょ!?
Aちゃんは怒り続けるがひたすら反応しない
落ち着いてきた
ジュース一緒に拭こうか
今すべきことを一言で伝える
Aちゃん一緒に拭けたね
うん!
あたらしいのもらってきたよ

憂うつ質親 × 多血質子

こんなとき、どうしたらいい？

解説

まずは落ち着ける環境を

憂うつ質の親と多血質の子どもとは、正反対の気質です。正反対の気質の場合、互いに理解し合うには努力が必要。親子の場合は親が子どもの気質を理解して、子どもの気質に寄り添っていく方が賢明です。

憂うつ質の親は、出かける前にお約束をするなど、言葉で言い聞かせようとします。しかし幼児の場合、特に多血質には効果があまりないと思ったほうがいいでしょう。事前に約束するのは悪くないのですが、多血質は考えるより先に行動してしまうからです。

多血質は環境からの影響を大きく受けてしまいますから、落ち着ける環境が第一。また、だれか手伝ってくれる人がいるときに出かける、真横に座っていつでも子どもの不適切な行動を止めることができるようにするなどの工夫が必要かもしれません。

ほめ方&叱り方のコツ

ポイント とらえ方に「翻訳機能」をつけよう

多血質の子どもはほめられることが大好きで、ほめられて伸びるタイプの典型です。

しかし憂うつ質の親は、多血質の子どものいい面をなかなか見られません。

憂うつ質の親は多血質の子どもを「落ち着きがない」「そそっかしい」「何度言ってもわからない」などというように思ってしまいますが、それは言い換えると「好奇心が旺盛」「なんにでも挑戦できる」「くよくよしない」「ほめると自信につながる」とも言えます。

とらえ方に「翻訳機能」をつけて、前向きにとらえなおしてみましょう。ネガティブな要素は裏を返すとポジティブに変わっていきますよ。

ポイント
少し待ち、気づかせてから伝える

多血質の子どもを叱るコツは、「ちょっとだけ待ち、気づかせてから、今何をすればいいのか伝える」ことです。それ以外は多血質には伝わりにくいので注意が必要です。

多血質の子どもは「今ここ」で生きていますので、以前のことを振り返って反省し、今後の行動を修正するということが苦手です。

一方で、憂うつ質の親は「長々と過去のことまで引っ張り出して叱る」のが特徴です。

憂うつ質の親は、過去にあった子どもとの関係でつらかったことや傷ついたことが忘れられず、繰り返し思い出しては自身を慰めてしまいがちですから、気をつけましょう。

言い換え後

憂うつ質親 × 多血質子
外食に行くときは
・比較的静かなお店で
・パートナーと一緒に
にぎやかな音楽やおもちゃなどがないほうが気が散らないです。
Bくんが遊び始めてしまったら
ピョン！
ソファーに座るよ
不適切な行動は小さな芽のうちに止めるのが大事
こんなときもすぐに引き留める
Bくん
おもちゃコーナー
座って食べようね
もどろっか
はーい
目を合わせて
上手に座れたね
うん！
母
父

憂うつ質親 × 粘液質子

Cくん
夕食はレストランで食べるよ
……
出かけるからおもちゃ片付けてね
うーーん
片付けないとご飯食べられないよ！
今やるよ～
がったん ごっとん…
プシュー
ドアがひらきます
片付ける気配ナシ
イライラ
イラ…
もう！
片付けないなら捨てちゃうからね!!
バッ
えっ!?
やだやだ!!

解説

子どもの伸びしろと成長を見よう

粘液質の子どもは、他の気質を持つ親にとっては「何を考えているのかわからない」「やる気がない」「覇気《はき》がない」「好きなことや嫌いなことが分からない」ように感じるようです。

そして、憂うつ質の親はそのことを心配して、ついガミガミ言ってしまいます。

しかし、**粘液質の子どもが何もしないように見えるのは、これから大きくジャンプするために力を蓄えているから。**

粘液質の子どもは伸びしろが大きいですから、その部分をよく見るようにしましょう。

ほめ方&叱り方のコツ

ポイント　自分で動き始めたときに「見てるよ」という意味の言葉をかける

粘液質の子どもは、その気質ゆえにほめられることも少ないようです。

「早くしなさい」「まだやってないの」などと急かされることが多いです。

ですが粘液質の子どもはじっくり考えて、本人なりに「急いで」やっています。

また、考え抜いて動き出したときにはその他の子ども以上の力を発揮するものです。

ほめるのは、そのときです。**憂うつ質の豊かな感受性を生かして動き始めたときをしっかりキャッチし、「着替えているね」「片付けたんだね、えらいね」と声をかけましょう。**

粘液質の子どもは、そういうところを認められるとより馬力が出ます。

ポイント　粘液質の子ども目線でつたえよう

粘液質の子どもは基本的には、親が何も言わなくてもいつかエンジンをかけ始めます。

しかし、朝の支度や外出するときなどは決まった時間に出発しなければならず、制限時間が決まっています。そんなときには本人が気づくまで待つことはできません。

そのときに大切にしたいのは、**「粘液質の子ども目線で言葉をかけること」**です。

時間が分かる子どもの場合は、制限時間を余裕をもって伝えておきます。

そこで、粘液質の子どもが時計を見たり、時間を少しでも気にしている様子が見えたら大丈夫。子どもはその時間に合わせて行動するでしょう。

それでも動き出さない場合は、「このアラームが鳴るまでに着替えようね」などと言いつつ、時計を子どもの目の前に置くなどすると効果的ですよ。

言い換え後

憂うつ質親 × 粘液質子
Cくん夕食のレストラン
6時になったら出発するよ
短いはりが6になったらね
おっ時計見てくれた
まだ遊んでる
カンカンカン
あっフミキリだ〜
Cくん電車のこのおもちゃこの箱にお片付けしよう
私は使ってないものをしまって……
がたんごと〜ん
のりもののはこ
あ
片付け始めた
でんしゃは〜しゃこに〜もどってくださ〜い
がちゃがちゃ
のりもののはこ
自分でおもちゃ片付けられたね
できたことをすぐほめよう!
うん!
のりもののはこ

憂うつ質親 × 憂うつ質子
今日は家族で外食
ファミレス行くよー
わーい
Dちゃんどうしたの？お腹痛い？
…
じゃあ早く準備しようか
パパーおねーちゃーん早くー
うーーん…
どうしたの？
黙ってたら分からないよ
だから分からないよ！
ねー まだーー？？
イライラ
何か言ってよ 言えるでしょ!?
……
結局、パパとDちゃんは家に残ることに
いってきまーす
いってらっしゃい…
あとでゆっくり聞いてみると
ほんとは焼肉がよかった
なんでもっと早く言わないの!?
さらにイライラしてしまう…

寄り添いつつ子どもの自主性を育てよう

憂うつ質の子どもは「おとなしくていい子」と受け止められる傾向にありますが、思いや意見を持っていないわけではなく、むしろ人一倍持っていると考えたほうがいいでしょう。

ですから、急に頑固になったり、動かなくなるなど、ストライキ状態に入ることも。

憂うつ質の親はそうした憂うつ質の子どもとの波長があうので、適度に待ってあげつつ気持ちをのせることが上手です。

一方で、成長するにつれて自分の気持ちを表現できるようになったほうがいいので、まずは大人が子どもの気持ちを代弁し、お手本を示してあげましょう。無理に言わせようとすると言葉は出てきませんから、適度に寄り添いつつ、自主性を育てるように心がけるのです。

ほめ方&叱り方のコツ

ポイント 細かいところに目を向け、自己肯定感を高めよう

憂うつ質は一般的に、人との関わりを悲観的にとらえ、自己否定感を強く抱いています。

例えば、親から「これ片付けておいてね」と言われると、「なんで自分だけ？」「これ、自分が出していないのに、僕に言うなんてひどい」と感じます。

さらに、「そんな自分はないがしろにされている」「自分は嫌われている」など、どんどんネガティブな方向に沈んでいってしまうのです。

そんな**自己否定の気持ちをやわらげるには、憂うつ質の子どもが気にかけている、細かいところに目を向けてほめるといいでしょう。**4コママンガで言うと、何度も聞いてようやく「焼肉を食べたい」と伝えられたことを、「よく伝えてくれたね」とほめます。

そうした心遣いが安心感になり、それが自己肯定感につながっていきます。

ポイント　ネガティブな気持ちに寄り添いつつも前を向こう

憂うつ質同士の親子関係は、憂うつ質の子どもにとってはもっとも安心できるようです。

しかし、**お互いに「相手が分かってくれない」と思い始めると、お互いへのリスペクトがなくなり、つらい気持ちだけが積み重なっていきます。**

その場合は、やはり憂うつ質の親のほうが子どもを引っ張り上げていく必要があります。

例えば、「あれかな？　これかな？　こっちかな？」というように、さまざまな選択肢を用意して、子どもの気持ちを引き出していくのです。

そして、なんとか表現できたときは「よく伝えられたね」とほめる。このような工夫が憂うつ質の子どもには必要です。

言い換え後

憂うつ質親 × 憂うつ質子
外食なのにふさぎ込むDちゃん
ファミレス行くよー
わー!!
どうしたの? お腹痛い?
…
パパー
おねーちゃーん
おーい まだー?
じゃあ早く準備しようか
うーーーん…
Dちゃん……
どうしたの?
…
何かあった?
…
お腹すいてない?
…
それか他のものが食べたい?
…
うん……
そっか
他のものがよかったんだね
何が食べたい?
焼肉!
よく言えたね! 教えてくれてありがとう
うん

8

4つの気質と子どもの心の発達

ここまで、4つの気質の特徴とそれぞれの気質に対してのほめ方・叱り方について述べてきました。最後の節では、成長にともなって4つの気質をどのように変容させていくことができるのかについて考えてみましょう。

子ども時代に顕著にあらわれる気質

ルドルフ・シュタイナーは、子どもの性格は4つの気質から構成されていると考えましたが、4つの気質をバランスよく調和的に備えている子どもはいないととらえています。

大人にもそうした側面はあるのですが、子どもの場合は特に、4つの気質のうちのいずれか1つが他の気質よりも顕著にあらわれているというのです。

胆汁質の子どもは、筋肉質でずんぐりとした体格で、何か思うところがあるとまっしぐらに進み実行します。

そして、思いが叶わないと自分の意思を強くあらわし、ときに暴力的にもなります。

多血質の子どもは中肉中背で、あらゆるものに興味を示し、いきいきとした表情をしています。

一方で、興味関心が長続きせず、興味の対象は目まぐるしく変化します。

粘液質の子どもは、丸っこく柔らかい体つきをしています。

周囲に対しての関心が弱く、何事にも無関心に見えますが、興味があることに対して一度やる気が生じると、大きな力を発揮します。

憂うつ質の子どもは、手足が長く、ひょろっとした体型をしています。

常に悲哀に満ちており、自分を批判的に見ているため、周囲が考えるよりも自己評価が低く、他者への視線も厳しいものがあります。

そして、何かが生じるとくよくよといつまでも考え込む傾向があります。

これらが4つの気質の典型的な特徴ですが、こうした特徴はだれもが多かれ少なかれ持ちあわせているものです。

子ども時代にはいずれか一つの特徴が顕著にあらわれているために、胆汁質は、「すぐにカッとなり乱暴な言動を示す子ども」、多血質は「落ち着きがなく飽きっぽい傾向が強い子ども」、粘液質は「ぼんやり・のんびりしている印象を与える子ども」、憂うつ質は「くよくよと考え込む傾向が強い子ども」としてとらえられるのです。

親が気をつけたい3つのポイント

4つの気質を理解したうえで、親として心がけることは、以下の3つです。

①気質の理解は自己理解と子ども理解につなげる

気質ごとにさまざまな特徴がありますが、それを画一《かくいつ》的に見るのではなく、親自身の自己理解と子ども理解につなげることが大切です。

第2章の冒頭にも述べましたが、気質は一人の中に混ざり合って存在しています。「気質は何か」ではなく、「どの気質がどれくらい強く出ているか」を理解しましょう。

そのうえで、親自身も「私は自分の子どもに対しては胆汁質の性質が強くあらわれるけど、それ以外の人に対しては多血質の性質が強く出てくるな」などと分析（＝自己理解）することが大切です。

このように、自己理解を深めていくことが、他者を理解することにつながっていくのです。

②気質のネガティブな部分をポジティブに変容させる

4つの気質には、ポジティブとネガティブの両面が示されています。

子育てをする中で親が困り、心配になるのは、気質のネガティブな部分が強調されている場合です。

しかし、**ネガティブな部分は必ずポジティブに変容していく可能性を秘めています。**気質のポジティブとネガティブは表裏一体なのです。

つまり、欠点は長所になりうるということです。

例えば、胆汁質の子どもの乱暴な言動は、人生や他者に対する情熱へと変容していきます。

多血質の子どもの落ち着きのなさは、いきいきと人生を楽しむことと豊かな感受性へと変容するでしょう。

取りかかるまで時間がかかったり、物事に無関心であるという粘液質の特徴は、熟考する力と冷静な判断力へ変容していく可能性を秘めています。

憂うつ質の子どものくよくよと考え込む傾向は、何事も冷静に考え抜く力、他者を思いやる力へと変容していきます。

子どものネガティブな特徴を見たときは、同時に将来それがポジティブに変容していく姿を想像して関わっていきましょう。それこそが、気質を理解する意義だと私は思っています。

③何ごとにもユーモアを欠かさない

親の気質にもよりますが、親は気質を学べば学ぶほど「あなたは○○質だからこうしなさい！」と子どもに言ってしまいがちです。

でもそれは子どもには逆効果。子どもの気質に寄り添うには、なるべく自然にふるまうことです。

幼児の場合は特に、理詰めで説得してもあまり効果がないので、気質の話を具体的に子どもにするのは避けて、メルヘンとユーモアたっぷりに話してあげましょう。

例えば、『ももたろう』でいうならば、正義感の強い桃太郎は胆汁質のポジティブな部分ですし、鬼は胆汁質のネガティブな部分を示しているとも言えます。

『ももたろう』のお話を子どもにしておいて、胆汁質の子どもが腹を立ててしまった際、「あ、『ももたろう』の鬼が出てきちゃったね。桃太郎、助けに来てくれるかな？」のように伝えると、気質に働きかけられますよ。

親子で気質を生かし合っていくことができれば、子育てがもっと楽しくなっていくでしょう。

まとめ

☑ 自己理解を深めていくと、他者を理解することにつながる

☑ それぞれの気質には、ポジティブとネガティブの両面がある

☑ 子どものネガティブな特徴を見たときは、将来その特徴がポジティブに変容していく姿を想像しよう

第3章

臨床心理学から学ぶ カウンセリングマインドと 子どもの ほめ方・叱り方

1

カウンセリングマインドで子どもに寄り添う

第2章では、親子の気質をベースにほめ方・叱り方を見てきましたが、第3章では、臨床心理学をベースに子どもとの関わり方を学んでみましょう。

キーワードは**カウンセリングマインド**です。

カウンセリングマインドとは

カウンセリングマインドという言葉、みなさんは聞いたことがありますか？

学校現場などでは近年よく聞かれるようになりました。

カウンセリングや心理療法には多くの学派があり、また多岐《たき》にわたる考え方や技法があるので、「カウンセリングマインドはこれです」と明確に示すことが難しいのですが、本書では分かりやすく**「臨床心理学の知見を子育てに活かすこと」をカウンセリングマインドとしたいと思います。**

「カウンセリングマインド」という言葉は、もともとは臨床心理学の領域で用いられてきた「カウンセリング」を、教育や保育の現場でも応用しようという考えから作られたものだといいます。

そのカウンセリングマインドを、子育てにも活かそうというのが第3章のポイントです。

「愛情不足?」「成長の過程?」さくらちゃんの事例

さくらちゃん（4歳2か月）は、1か月前に妹が生まれました。

さくらちゃんはとてもしっかりした性格で、これまで手がかかると感じたことはなかったのですが、妹が生まれる前後から、特にお母さんへの甘えが強くなり、夜などはお母さんにしがみついてなかなか離れようとしません。

また、指しゃぶりをするようになり、夜尿をしてしまうこともあると言います。

オムツはとっくに取れていたのに、「オムツをして寝たい」とさくらちゃんは言います。

時折目をぱちぱちとさせるようにもなりました。

お母さんは、「妹が生まれたばかりで、四六時中妹にかかりきりだから、さくらに寂しい思いをさせている」「私の愛情不足でこんなことに……」と悩んでいました。

親にとっても子どもにとっても、下にきょうだいが生まれるというのは、1つの試練ですね。

子どもにとっては突然ライバルのような存在が出現するのですから、どうしていいのか分からなくなってしまいます。

親にとっても、上の子どもへの愛情は変わらないのに、生まれたばかりでどうしても手がかかる分、下の子に心を注がなければいけません。

「お姉ちゃんなんだからしっかりしてほしい」という思いもあれば、「しっかり甘えさせてあげたい」という気持ちも生じてきます。

そうした葛藤が生じますので、ときに「お姉ちゃんなんだから、しっかりして」なんて叱ってしまうことも。

さて、臨床心理学では、こうした状況をどのようにとらえて関わるのでしょうか?

発達的な視点で子どもを見る

臨床心理学では、子どもに何らかの「問題」が生じたときに、発達的な視点で子どもと向き合います。

発達的な視点とは、子どもの「問題」とされる行動を「成長のための大切なステップ」ととらえることです。

どれほど大きな問題が生じたとしても、子どもはその経験を土台として未来に向けて成長していきます。

問題も含んだ過去を積み重ねて現在に至るわけですから、現在の行動が「問題行動」のように見えても、それを土台として未来への階段をあがっていくのです。

子どもが問題を起こしたときに、「それをなくさなければ」と対症療法的に関わるのではなく、**問題こそが子どもを成長させるための鍵になるととらえる**のです。

さくらちゃんの「危機」

臨床心理学では、子どもが問題を示すことを、子どもになんらかの危機が生じているととらえます。

さくらちゃんの事例も、「未来に向かって成長するために生じる危機」であるということができます。

また、発達的に見ると、4歳は「心の理論」の発達が見られる時期です。

「心の理論」とは、簡単に言うと「他者と自分の心が違う」ということに気づくことです。

さくらちゃんの心は順調に発達を遂げて、お母さん（お父さん）の心が自分とは少し違うと気づき始めています。

つまり、さくらちゃんは心の自立の入り口に立っているのです。

自立と言えば聞こえはいいのですが、自立とはこれまでの絶対的な安心感からの離脱を意味し

過去にもさまざまな「問題」があり、その連続として現在の「問題」が生じている。そして、それは、未来への成長の土台となる。

ますから、不安が生じ不安定な行動を示すのはいわば当然です。

「1日5分の笑顔タイム」を

このさくらちゃんの問題を、「未来に向かって成長するために生じる危機」だとするならば、どのように関わっていけばいいのでしょうか。

答えはシンプルです。「安心感」を関わり方のキーワードにすればよいのです。

例えば、**お父さんやお母さんと関わる時間を1日1回、5分でいいのでしっかりととりましょう。「1日5分の笑顔タイム」です。**

1日5分でいいので、触れ合って遊んだり、くすぐり遊びをする。

これだけで、お子さんは安心することができ、ずいぶんと変化していきますよ。

下の子が生まれたばかりで、家事や仕事が忙しいお父さんやお母さんの中には、甘えが強い上の子どもと関わるのは時間的にも精神的にも余裕がない、と感じる方もいるかもしれません。

確かにその通りなのですが、だからこそ、短い時間でも肌を合わせて、笑い合ってみましょう。

パートナーの協力が得られるようなら、二人きりでお風呂に入るのもいいですね。

湯船の中で歌を歌う、手遊びをする、体を洗うのはもちろん、ともすると流れ作業になってしまいがちなお風呂上がりも、一つひとつが笑顔タイムです。

問題が生じたときは、問題にばかり目がいってしまいがちですが、子どもには健康な部分、強みとなる部分が必ずあります。そこに目を向けて育てていくといいですよ。

まとめ

- ☑ 子どもの「問題」が生じたときこそ、成長の鍵
- ☑ 子どもの「問題」は、「未来に向かって成長するために生じる危機」である
- ☑ どの子にも「1日5分の笑顔タイム」を
- ☑ 子どもの「問題」に振り回されず、健康な部分、強みとなる部分に目を向けよう

2

ペーシングとミラーリングで子どもと心を通じ合わせる

第2章でも述べましたが、親子だからといって最初から心が通じ合うわけではありません。気質が違いますから、感じ方や行動の仕方も違います。

では、具体的にどのように子どもと関わっていけばいいのでしょうか。

ここからは臨床心理学のカウンセリング技術から、子育てでも応用できる手法をいくつかご紹介します。

使いこなすには時間がかかることもありますが、「子どもの自信を育てる子育てのコツ」として使ってみてください。

のんびり、ゆっくりなかいとくん（3歳）

かいとくんは、繊細な心の持ち主で、家でも保育園でも静かにのんびりと過ごすことが大好き。遊びといえばプラレールを走らせたり、ミニカーを並べたり。外で遊ぶこともあるのですが、砂場で山を作る、ままごとをするなど、比較的おとなしい遊びをしています。

お母さんは活発な性格で、男の子といえば元気に走り回って、ときには取っ組み合いのけんかをするくらいがいいと思って活発な遊びに誘うのですが、どうも乗り気ではありません。かいとくんのお母さんは、「もっと元気に遊んでほしいのですが……」と相談にやってきました。

なるほど、確かに外で走り回って元気に遊んでほしいと願う気持ちは理解できます。だからといって、無理やり外に引っ張り出して追いかけまわしても、かいとくんは乗ってくれませんよね。むしろ、自分のやりたい遊びに固執してしまいそうです。

こんなときは、子どもと心を通じ合わせるペーシングをおすすめします。

ペーシングとミラーリングで子どもと心を通じ合わせよう

ペーシングとは、「ペースを合わせる」ということで、相手と関係を築くために、雰囲気や歩く速度、話す速度を合わせることです。

言動がゆっくりな子にはゆっくりと。はやい子にははやく。元気な子には元気に返し、穏やかな子には穏やかに返す。

同じようなペースで歩いたり、話したりすることで、調子を合わせて一体感を作っていきます。

また、ペーシングの延長線上に、ミラーリングというカウンセリング技術もあります。

ミラーリングとは「相手の動作や言葉に鏡（ミラー）のように合わせていくこと」です。大人が子どもの鏡になっているかのように調子を合わせて、心の世界を共有することです。

ペーシングとミラーリングのやり方

ペーシングとミラーリングの技術を使うなら、のんびりゆっくりなかいとくんには、まずはのんびりゆっくり関わりましょう。そうすることで、かいとくんと深い信頼関係を築いていくことができます。

かいとくんがプラレールをしているなら、お母さんもプラレールを持ち、かいとくんと目線を合わせてプラレールを走らせてみましょう。

ミニカーを走らせながら「ブーン」と言っていたら、お母さんも「ブーン」と言いながらミニカーを走らせてみましょう。

ちなみに、目線を合わせるというのは、かいとくんが腹ばいになっているなら、お母さんも腹ばいになってみるということです。

子ども（砂場で山を作って穴を掘りながら）「ヤマだね」
親　（同じ動作で、砂場で山を作って穴を掘りながら）「ヤマだね」
子ども「あ、ネコ！」（指さし）

親　「あ、ネコ！」（同じしぐさで指さし）

これが、基本的なミラーリングのやりかたです。

ペーシング、ミラーリングは、子どもが思いを表現しているその世界に入り込み、同じ動作、同じ雰囲気、同じ言葉を発し、同じリズムで繰り返すことで、親子の一体感が得られます。この一体感が、子どもにとって重要なのです。

ペーシング、ミラーリングを上手に使って、子どもが安心できる関係性を築いていきましょう。

まとめ

☑ **ペーシングとは「ペースを合わせること」。雰囲気や歩く速度、話す速度を合わせよう**

☑ **ミラーリングは大人が子どもの動作や言葉に鏡（ミラー）のように合わせること**

3

うなずきとあいづちで、子どもと心を通わせる

みなさんは、子どもの話を聴いていますか?

ここではあえて「聞く」ではなく、「聴く」と書きましたが、この「聴く」と「聞く」はどのように違うのでしょうか。

NHK放送文化研究所によると、以下のように示されています。

ただ単に「きく」場合は一般に「聞く」を使い、注意深く(身を入れて)、あるいは進んで耳を傾ける場合は「聴く」を使います。(NHK放送文化研究所ホームページより)

さて、みなさんはこのような意味で子どもの話を聴いていますか?

ここでは、朝の忙しい時間に限ってお母さんやお父さんに付きまとい、「ねえ、ねえ」と話しかけてくる、そんなゆうくんの話から始めてみましょう。

しつこく話しかけてくるゆうくん(3歳)

ゆうくんは3歳になったばかりですが、同じ年齢の子どもと比べるとお話上手で、街で見知らぬ人に話しかけられても、「おりこうね」といつも言われます。

そんなゆうくんのお母さんには悩み事が1つあります。朝の忙しい時間に限って、ゆうくんがお母さんの足元に付きまとって、話しかけてくるのです。

「ねえ、ねえ、ママ、アンパンマン、見て見て」と言いながら、絵本を持ってきたり、「はい、どうぞ」と言いながら、お母さんの絵を描いて渡してくれたり。

お母さんは、

「うん、アンパンマンだね」

「ママね、ありがとうね」

とは言いつつも、あわただしく朝の準備をしています。

ゆうくんのママは、ゆうくんをかわいいなとは思うものの、ついイライラしてしまいます。そしてイライラすればするほど、ゆうくんはなぜかお母さんの足元に来て、服の裾《すそ》を引っ張って、「ねえ、ねえ」と話しかけるのです。

ゆうくんはなぜ、このような行動をするのでしょうか?

それは、**お母さんの返答に満たされていないから**です。

幼児期の子どもは言葉ではなく行動で思いを表現します。

大人はつい、お話上手な子どもに対して、大人と同じように言葉でなんでも伝えて「分かるだろう」と思ってしまいがちです。

しかし、**子どもは表面的な言葉ではなく、行動から大人の気持ちを受け取ります。**

ですから、言葉ではなく、行動で伝える必要があるのです。

うなずきとあいづちで子どもと心を通わせる

幼児期の子どもと思いを通わせるためのもっともシンプルな行動は、うなずきとあいづちです。子どもの話に耳を傾けながらうなずいたり、あいづちをうったりすることは、子どもの話を聴くうえでもっとも基本的なしぐさです。さらに目線を子どもと合わせると、子どもの話を聴いていることが伝わります。

忙しい朝の時間ですが、ちょっとだけ手を止めて目線を合わせ、「うんうん」「そうだね」とうなずくだけで、「話を聴いてくれた」「僕はお母さんにしっかり受け止められた」と感じて、安心します。

その積み重ねによって「自分は自分でいいんだ」という自己肯定感が高まっていくのです。

わたしはカウンセリングの授業で、学生に「まったく話を聴いてもらえない体験」をしてもらっているのですが、これはつらいです。

やり方は簡単です。話し手と聴き手に分かれて、話し手が2分間「自分の趣味」について話します。

しかし聴き手は、まったく聴いてくれません。目線を合わせず、うなずきもあいづちも、笑顔も返事もなければ、スマートフォンをいじっていたりします。

そうすると話し手はどんな気持ちになるでしょうか。たった2分間という短い時間ですが、「自分が話していることは相手を不愉快にさせているのだろうか」「おもしろくない話なのかな」などと不安になり、話が続かず2分間がとてつもなく重く、長い時間に感じられるのです。

その後、「よく聴いてもらえる体験」を2分間行います。今度は、聴き手は話し手と目線を合わせ、笑顔でうなずきながら返事をしてくれますし、一生懸命話を聴いてくれます。

すると話し手は、しっかり受け止めてもらえたという気持ちになり、話がはずみ、嬉しい気持ちになるのです。

コミュニケーションでは、上手に話すことではなく、「いかに聴くか」が大切なのですね。

忙しい時こそ、一旦手を止めて、うなずきながら話を聴いてみましょう。

夜や休日などの落ち着いた時間があれば、たっぷりと時間をとって目を合わせて、子どもの話を聴いてみると、さらに子どもは満足します。

「聴く」という漢字が、耳へん＋目と心という字で成り立っているように、**耳だけで聞くのではなく、目と心を使って聴くことを意識する**といいですよ。

この節のまとめ

- ☑ 忙しいときこそ、ちょっとだけ手を止めて目線を合わせてうなずく
- ☑ うなずきやあいづちは、安心感、自己肯定感につながる
- ☑ 休日など時間に余裕があるときに、たっぷりと子どもと向き合いましょう
- ☑ 聴くとは、耳だけではなく、目と心で

4

言葉の伝え返しで思いをくみ取る

幼児期の子どもは、心が大きく羽ばたく時期です。想像力の翼がひらき、大人が話す内容に想像力で色を付けて、頭の中で思い描くことができるようになります。

一方で、心が大きく育つ時期だからこそ、大きく膨らんだ自分の思いをうまく言葉で表現できないことが多いようです。

保育園などであった出来事を順序だてて話したり、自分の気持ちをとらえて説明することが難しいこともあります。

「バカ！　バカ！」と言ってしまうれんじくん（4歳）の思い

れんじくんは、普段は笑顔の素敵な男の子。

でも保育園では、穏やかに過ごせないことがあると担任の先生から言われました。

突然、「バカ！　バカ！」と大きな声で言いながら、お友達にパンチやキックをするのだそうです。

他の子が使っているおもちゃで遊びたいのに貸してくれないときや、みんなと一緒に散歩に行きたくないなど、自分の思い通りにならないときに、大きな声で「バカ！」と叫んでしまうことが多いといいます。
家では特に乱暴な行動をすることはないのですが、お母さんは乱暴なれんじくんの話を聞いて悲しい気持ちになってしまいました。

ネガティブ言葉と下ネタ言葉は翻訳機能を通して受け止める

さて、れんじくん、なぜ大きな声で乱暴な言葉を叫んでしまうのでしょうか。
それは、言いたい思いが膨らんでいるにもかかわらず、言葉で表現できないからです。

言葉の成長の途上にいる子どもは、どんな言葉から覚えていくと思いますか？

じつは、まずは乱暴な言葉から覚えていくのです。

「バカ」「イヤ」「アッカンベー」など、短い言葉で影響力が強く、しかもその言葉によって相手の心をグサッと刺すような言葉を覚えていってしまうのです。
これを私は「ネガティブ言葉」と名付けています。

もう一つは、相手が思わず笑ってしまったり、顔を赤らめてしまうような言葉。

「ウンチ」「おしっこ」「おっぱい」「おちんちん」などと言ってみたり、お尻やおちんちんを出してみたり。「クレヨンしんちゃん」の主人公、野原しんのすけくんがよくやる言動と似ています。
私はこうした言葉を「下ネタ言葉」と呼んでいますが、その言動によって、相手は大きく反応します。

そういったところから、子どもは言葉やコミュニケーションを学んでいくのです。

保育カウンセラーとして保育園を訪問していると、年度初めの時期は特に、結構な確率でネガティブ言葉と下ネタ言葉をかけられます。

「おじさん！」とか「不審者が来た！」とか、そんな言葉を浴びせる子どもがいるかと思えば、あいさつ代わりにお尻を出そうとする子どもに出会うことも。

保育カウンセラーを始めたばかりの20年くらい前は、こうしたネガティブ言葉に傷つき、下ネタ言葉にドギマギしたものです。

しかし、いつしか**子どものこうした言葉に対して「翻訳機能」を身につける必要がある**と気づきました。

例えば、子どもが私を「おじさん」呼ばわりしたり、また別の子どもがお尻を見せようとするのは、「おじさん、僕と遊んでよ」という気持ちのあらわれであることが多いものです。

れんじくんの場合なら、次のようになるでしょう。

れんじくん　「バカ！　バカ！」

親　「あの積木がほしかったね」

れんじくん　「バカ！」
親　「そっか、ほしかったんだよね。貸してって言おうか」
れんじくん　「……うん」

「バカ！」と言ってしまうれんじくんの本当の思いをくみ取り、気持ちをあらわす言葉に翻訳して伝えてあげることが大切なのです。

繰り返しの魔法

この節の最後に、子どもの言葉を繰り返すことについてもおすすめします。

これは**繰り返しの技法**といって、カウンセリングではよく用いられる、話を聴くための技術の1つです。

まずはありがちな失敗例から。

例えば、明日の運動会の紅白対抗リレーで負けたくないというプレッシャーから、子どもが次のように話したとします。

子ども　「あ〜明日の運動会イヤだな〜」
親　「何？　運動会イヤだって、何がイヤなの？」

子ども「だって、走るのイヤなんだもん、疲れるし」
親「走るのなんて、ちょっとだし、疲れるわけないじゃん。大丈夫だよ。頑張って走りなよ、
みんなで応援に行くからさ」
子ども「（本当はかけっこで負けるのがイヤなんだよね）……うん」

このとき親は子どもを励まし、叱咤激励しているのですが、子どもの「負けたくない」などモヤモヤする気持ちを受け止めてはいません。子どもの気持ちを受け止めるためには、繰り返しの技法を使ってみましょう。

この例では、次のように受け止めるとうまくいきます。

子ども「あ〜明日の運動会イヤだな〜」
親「明日の運動会、イヤなんだ〜」
子ども「うん、だってさ、走るのイヤなんだもん、疲れるし」
親「そっか、走るのがイヤなんだね、疲れちゃうんだ」
子ども「そうなんだよ。でもさ、リレーで負けちゃうのもなんかイヤだ」
親「そっか、リレーで負けちゃうのもイヤなんだね。ドキドキしちゃうのかな？」
子ども「そうそう、なんかドキドキする。でも僕、明日がんばるよ」

繰り返しの技法は、機械的に繰り返すのではなく、思いをしっかり受け止めながら子どもの使った言葉を繰り返してみると、うまくいきやすくなります。

思いをしっかりと受け止め、子どもの心から出てきた言葉を繰り返していくと、まるで魔法のように、「僕の気持ちを受け止めてくれた」と子どもが感じるようになります。

ぜひ、お試しあれ。

この節のまとめ

- ☑ 幼児期は心が大きく育つ時期で、子どもは言葉で思いを表現できないことが多い
- ☑ 幼児期は、ネガティブ言葉と下ネタ言葉から覚えていってしまう
- ☑ 大人は翻訳機能を身につけて子どもの言葉に耳を傾けるとうまくいく
- ☑ 子どもの思いをくみ取りつつ、言葉を伝え返す
- ☑ 思いを受け止めつつ、そのままを繰り返すのもＯＫ

5

行為の伝え返しで関係を深める

コミュニケーションといえば、言葉によるものと思いがちですが、言語的コミュニケーションだけではなく、言葉を使わない非言語のコミュニケーションもあります。

私たちは、嬉しいときは目を開き、口角をあげるなどして喜びを表情であらわします。また、ときにはガッツポーズをしてみたり、両手を上につきあげたりして喜びを表現することもあるでしょう。

反対に、悲しいときや落ち込んだときは、背中を丸めて下を向き、ため息をついたりしますね。このように私たちは、言葉だけではなく、身振りや表情などの行為によって感情を表現することがあります。

ため息ばかりをつく、りんたろうくん(6歳)

バタンと大きな音を立ててドアを閉め、外遊びから帰ってきたりんたろうくんは、手も洗わずソファーに座って大きなため息をつきました。

なんだか深刻そうな顔つきだったので、お母さんはそっと見守っていました。

そのうちに腕組みまでし始めて、「はーっ」と何度もため息をついています。

そこでお母さんは、りんたろうくんの横に座って、腕組みをして「はーっ」とため息をつきました。それを見たりんたろうくんは、お母さんに一言こう言いました。

「お母さんも、イヤなことあったの？」

言葉ではなく、行動で伝える

幼児期の子どもは、自分の思いを言葉で表現できないことも多いので、なんらかの行動で思いを伝えようとします。

地団駄を踏んでくやしい思いをあらわすのも、両手をあげて飛び上がって嬉しい思いを表現するのも、思いを行動で表現していると考えられます。

特に、モヤモヤやイライラした気持ちは言葉での表現が難しいものです。うつむいたり、ため息をついたり、壁を叩いてみたり、いろいろな行動で感情を示します。

そんなときは、**子どもと同じ行動をしてみましょう。**

これは、子どもの気持ちを「私はこんなふうに受け止めたよ」と伝えるコミュニケーション方法です。子どもが大人に向かって投げてきたボールを受け止めて、同じようにボールを投げ返すのです。

この行為の伝え返しは、大人同士でもよく行われています。

例えば、ママ友のうちに遊びに行って、お茶とお茶菓子が出てきたとしましょう。まだ友だちになって日が浅いときはちょっと緊張しているので、お茶とお茶菓子にすぐに手が伸びることはありません。しばらくママ友と話をして、相手がお茶やお茶菓子に手を伸ばしたら、自分もお茶を飲み、お茶菓子を食べる。これはまさに行為の伝え返しです。

相手の行為を見て、同じ行為を返していくことで自分の思いを受け止めてくれたという気持ちになり、関係がより深まっていくのです。

この節のまとめ

- ☑ コミュニケーションには、非言語のコミュニケーションも多い
- ☑ 子どもと同じ行為をすることは、「私はこんな風に受け止めたよ」と伝えること
- ☑ 行為を伝え返すと、相手は自分の思いを受け止めてくれたと感じ、信頼関係が深まる

6

愛のメッセージは、I（アイ、私）メッセージで伝えよう

子育ては、ときに思ったようにはいかないこともありますね。

親ならば、だれもが経験することだと思います。


「なぜ、この子に伝わらないのだろう、こんなに思っているのに」。

思いが強ければ強いほど、こんなジレンマに陥ることもしばしばです。

そんなときは、ちょっとだけ視点を変えてみることをおすすめします。

まずは、こんな事例を見てみましょう。

病院に行きたくないあいちゃん（3歳）

あいちゃんは夕食後から、少し咳が出始めました。

翌日、熱はないものの咳はまだ出ているし、鼻水も出始めたので、お母さんは大事をとって、あいちゃんを近くの小児科に連れて行こうと思いました。

でも、あいちゃんは「行きたくない！」と言います。

あいちゃんは病院嫌いで、これまでも無理やり連れて行くことはあったのですが、そんなときはいつも小児科で大泣き。

お母さんはあいちゃんのことが心配で、早く治ってほしいと思っているからこそ小児科に連れて行きたいと考えているのですが、今回もあいちゃんは動いてくれません。

だんだんイライラしてきたお母さんは、ついに怒鳴ってしまいました。

「もう、早く準備して！　病気がひどくなったら、保育園も行けないんだよ！」

結局、この日もあいちゃんは泣く泣く小児科に連れて行かれ、小児科の先生の前でも大泣きしたのでした。


愛するからこそイライラする、そんな時はI（アイ、私）メッセージで伝えよう

人は、自分の思いが伝わらないとイライラするものです。

そんなときは、**主語を自分にして伝えてみる**ことをおすすめします。

主語を自分にして気持ちを伝えることを、「アイメッセージ」といいます。「アイ」は英語の〝I〟（私）です。

「私は○○と思うよ」「私は、あなたに○○してもらえたら安心するんだ」など、「私」を主語にする伝え方です。

よく考えてみると、思いが伝わらないときは主語が「ユー（You）」になっていることが多いものです。

「（あなたが）○○してね」とか、「なんで（あなたは）○○しないの?!」という言い方です。

このような〝You〟を主語にして伝えるメッセージは「ユーメッセージ」といいます。

先ほどのアイちゃんの事例では、お母さんはイライラしてユーメッセージが強く出てしまっているようです。

つまり「（あなたが）早く準備して！」「（あなたの）病気がひどくなったら、（あなたは）保育園に行けないんだよ」と伝えているのですね。

これでは一方的な命令口調に聞こえてしまいます。

では、これをアイメッセージに変換してみましょう。

「私は、あいちゃんの病気がひどくなるのが心配なの。だから私はあいちゃんが早く準備してくれるとうれしいな」。

ほかにも、

「私は〇〇してくれるとうれしい」

「私は〇〇してくれると助かる」

「私は〇〇だと安心する」

というように、「私」を主語に変えて考えてみてください。

特に**日本語は、主語を省略する習慣があるので、無意識に「あなた」を主語にしてしまいがち。**言っている本人も、主語が「あなた」であることに気づいていないことがほとんどです。「私」を主語にするだけで、よりあなたの思いが伝わりやすくなります。「あなたが」から「私は」に視点を変えてみましょう。

この節のまとめ

☑ **親が子を思う愛情が強いほど、思いが子どもに伝わらないとイライラする**
☑ **子どもに思いが伝わりやすい伝え方は自分を主語にした「アイメッセージ」**

7

短所が長所に変わる魔法のテクニック
――リフレーミングで見方を変える

「子どもってなんであれもこれもできないんだろう」。

そう思ってしまうことってありませんか？

特に同じ年齢の子どもと比べたときに、親はそう感じてしまうことが多いようです。

子育てで最も大切なことの1つは、「他人と比べない」ことなのですが、難しいこともありますよね。

手づかみで食べ、食べこぼしが多いさっちゃん（3歳）

さっちゃんは、とても元気な3歳の女の子。元気すぎて小児科の待合室でも、ファミレスに行っても走り回ります。

それもお母さんにとっては困ることではあるのですが、一番の心配事は、毎日の食事です。

さっちゃんは、まだほとんど手づかみで食べるので、顔中汚しますし、エプロンをつけるものの、服まで汚してしまいます。

その上、テーブルや床にも相当の量をこぼしてしまいますから、毎回顔を拭いて、着替え、テーブルや床の掃除まで必要になり、お母さんにとっては一苦労です。

汁物を出すとほとんどこぼしてしまうので、シャワーを浴びなければいけないこともあるといいます。

同じ年齢のいとこは、スプーンやフォークを上手に使って食べることができ、それほど食べこぼしもありません。

食事は毎日3回やってきますから、毎日の食事が苦痛で仕方ないと、さっちゃんのお母さんは話してくれました。

このようなことが続くと「どうしてできないの」「これはこの子の短所だ」と思ってしまいますが、短所を長所に変える魔法のテクニックがあります。

それは、「**リフレーミング**」です。

リフレーミングとは、「物事の見方や理解の仕方を変えて、肯定的な意味づけを行うこと」。

「テクニック」というと表面的な方法に終始してしまうので、まずは「子どもの成長」ということについてこんなふうにとらえてみましょう。

成長とは、できないことに日々挑戦し続けること

考えてみると、**成長とは「できないことができるようになる」ということ**です。

例えば、「子どもが歩けるようになった」「箸で食べられるようになった」「上手にお話しできるようになった」など、子どもの成長とは「できないことができるようになる」ことの連続です。

そして、生まれてからの数年間の子どもの成長は、めざましいものがあります。あっという間に、できなかったことができるようになっていくのです。

でも、それは裏返すと「子どもは日々、できないことに立ち向かっている」ということでもあります。

私たちは大人になると、少しずつできないことがなくなっていきますし、そもそもできないことを、行う必要性と機会がほとんどなかったりします。

一方子どもたちは、毎日毎時、挑戦を続けているのです。

「リフレーミング」で短所を長所に変える

子どもが成長するということは、日々できないことに挑戦し続けている。そう理解すると、できないことの見え方が少し変わってきます。

短所に見えていたことが長所に変わっていくのです。

さっちゃんの場合で考えるなら、お母さんにとって「困ったな」という行動をこのようにとらえてみることができます。

・手づかみで食べるから食べこぼしが多い
↓成長するために毎日できないことに立ち向かっている
「こぼさないように食べてね！」↓「一生懸命食べているね」

・他の子どもはもうスプーンやフォークを使っている
↓他の子どもよりも人一倍努力して、頑張って食べようとしている
「他の子は、もうスプーン使っているよ」↓「頑張って食べているね」

・他の子どもよりもできないことが多い
↓伸びしろが大きい
「どうしてできないの?!」↓「これからたくさんできるようになるね」

見方が変わると、自然と声かけが変わり、子どものことを認められるようになります。
「困ったな」と思ったら、ぜひ試してみてくださいね。

この節のまとめ

☑ 子育ての秘訣は「他人と比べないこと」

☑ リフレーミングとは、物事の見方や理解の仕方を変えて、肯定的な意味づけを行うこと

☑ 成長とは、できないことに日々挑戦し続けること

☑ 子どもの「できない」をリフレーミングでポジティブにとらえる

第4章

親子のコミュニケーションは、スマイル&リスペクトでうまくいく

1

スマイル&リスペクトな親子関係とは

子どもをリスペクトする気持ちを忘れない

以前、ある企業で打ち合わせをしたときのことです。

私はその企業を訪問するのは初めてで、打ち合わせをする方は社長さん。同席している仲間数人は、みんな緊張した面持《おもも》ちで社長さんを待っていました。

ほどなくして、ビシっとしたスーツを身にまとった社長さんが会議室に来られ、一瞬空気が張り詰めました。

そして、椅子に座るや否《いな》や、こんな話をし始めたのです。

「最近、中学生の娘と折り合いが悪くてね、私が帰っても一言も口をきいてくれないんですよ。この前なんて私が先にお風呂に入っただけで、『なんでお父さんお風呂に先に入るの!!』って怒ってね。

いやはや中学生の娘は難しいですね。小さい頃はお父さんっ子で、一緒にお風呂に入っては、のぼせるまで歌ったり、クイズをしたり、手遊びをしたりしてました」。

この話を、みんな緊張して聴いていました。社長さんは、めがねを拭きながらさらに続けます。

「でも、この2~3日ね、娘との会話を見つけたんですよ。それはね、マリオカートです」

私は思わず「マリオカート?」と聞き返しました。

「マリオカート、ご存じですか? 任天堂の。

あれを一緒にやるときだけ会話するんです。それぞれのキャラクターを決めて、娘や他のキャラとレースをしたり、バトルをするんです。

レースでは、車で競争するんですけど、お互いに武器をゲットして相手にぶつけます。爆弾を投げたり、ブーメランを投げて妨害するんですよね。

それで勝ったり負けたり。バトルでは、まさに武器で殺し合います。

娘は言ってますよ、『殺してやる!』『死ねー』って。物騒《ぶっそう》な会話ですよね。

私はゲームが嫌いでね。娘には絶対にやらせてこなかった。

そしたら、お年玉で買ってきたんですよ、自分で。絶対に買ってあげなかったニンテンドースイッチを自分で買ってきた。

こりゃ負けたなと思って、それで一緒にやることにしたんです」。

私は、目の前の社長さんが、中学生の娘さんと一緒にゲームをする姿を想像しました。

仕事ができる人だから、子育てはまったくしていないようにも見えるけど、とっても優しいお父さんなのだと感じました。

「それで、私は思ったんです」と社長さんは続けます。

「私は、それまで娘を子どもだからといって見下していたんじゃないかって。

子どもだから、大人の言う通りにしなきゃいけない。大人の言うことは絶対に守らなきゃいけない。

だから子どもの思いをまったく受け止めていなかったんだって。

それは、**子どもへのリスペクトが足りなかった**んだって。そう思いました。

この2~3日ですが、私はマリオカートをしながら、殺せーとか、ぶっ殺すとか、むかつく！とか、ひどい言葉を通した、娘との会話を続けています。

我ながらひどい会話だなと思いますが、その時間を通して、娘のゲームをやりたい気持ち、そしてそれを貫いて行動した娘に、リスペクトの念を抱くようになりました。

もしかすると、**私は『偉大な、尊敬されるべき親』にならなければいけないという思いだけが強く、娘をリスペクトする思いがなかったのかもしれません**」。

確かに、親は子どもから尊敬されたい、リスペクトされたいと思う反面、子どもへの尊敬の念や、子どもの思いを尊重するということには無頓着《むとんちゃく》になっているのかもしれないと感じました。

「そうそう、思い出しました。娘と一緒に笑うなんて、もうなかなかなかったのですが、最近娘と一緒に笑ったのは、マリオカートをしながら私が大きなおならをしたときでした。

思い返せば、娘が小さい頃は一緒にお風呂に入れれば、お風呂からあがるまで笑い通しでしたし、夜寝る前も絵本を読んだり、お話をしながら笑い通しでした」。

私たちは終始、緊張した面持ちで社長さんの話を聴いていたのですが、おならの話を聴いて、思わず笑ってしまいました。

その笑いの破壊力はものすごく、私たちと初対面の社長さんの壁はその笑いで一気に吹き飛んでしまい、その後の打ち合わせはとても和やかにスムーズに進みました。

子どもの視点で感じ、考えてみると、リスペクトが生まれる

社長さんの話の中で興味深いのは、「**親は子どもからリスペクトされたいと思っているが、子どものことはリスペクトしていない**」ということです。

「子どもを見下している」というのは強すぎる表現ですが、もしかしたら、ある意味ではそうと

も言えるのかもしれません。

中学生くらいになると、自分の思いをいろいろな形で主張をしますから、親は正面からぶつからざるを得ません。

しかし、幼児期の子どもは、まだ親のことを「大好き」とか「大きくなったら結婚する」とか言いますし、自分一人ではできないことも多いので、子どものことをリスペクトする（尊敬する）ということになりにくいと感じるのかもしれません。

子どものことをリスペクトするというのは、子どもの思いを尊重することだと私は思います。子どもの感じ方や考え方を、「子どもだから」と否定しないで、一度子どもの視点で感じ、考えてみることなのではないかと思うのです。

この社長さんは、一連の出来事を通じて、娘さんをようやく認められたのだと思います。

そして、一緒にゲームを楽しみながら娘さんの世界に入り込み、娘さんの視点で世界を見てみたことで、彼女をリスペクトすることにつながったのでしょう。

また、ゲーム中に「ぶっ殺す」とか、「死ね」とか物騒な言葉が飛び交うのも興味深い点です。

実際に父親である社長さんを「ぶっ殺す」ことはしませんが、心理的な意味において「ぶっ殺す」ことは可能です。

つまり、**父親という目の前にそびえる存在を今、「ぶっ殺して」乗り越えようとしているととらえることができる**のではないでしょうか。

無口な中学生の娘さんが、「暴言」を吐きながら父親と二人でマリオカートをする姿は、父親とぶつかり、乗り越えて成長しようとする娘さんと、反抗的な娘をリスペクトし始めた父親の姿に、私には見えるのです。

スマイルのある関係には、リスペクトが存在する

私は保育カウンセラーとして、保育園や子育て支援センター、子育て広場などでカウンセリングを行っています。カウンセリングといっても、かしこまったカウンセリングではなく、雑談をしながら子どもの発達や家族についての話を聴いています。

保育カウンセラーとしてさまざまな家族の話を聴き続けて感じることは、**笑顔が絶えない家族は、互いへのリスペクトが存在している**ということです。

夫婦でも親子でも、きょうだいでも同様です。

思いやりやリスペクトがなければ、相手を笑顔にしようとはしませんよね。

ちなみに、人は1日に何回くらい笑うと思いますか？

心理学的な研究としては、子どもが1日４００回笑うのに対して、大人は15回であると言われています。

しかも大人は、年齢を重ねるにしたがって1日に笑う回数が少なくなっていくそうです。

さらに、人がなぜ笑うのかという研究によると、人は自身を癒すために笑うのだそう。

子育てをする中では、イライラすることも多いけれど、笑顔になることも多いですよね。

子どものふとした一言でクスっと笑ったり、寝顔に癒されてニコッとしてしまう。

私たち大人を笑顔にしてくれる子どもたちに、感謝ですね。


ですから、**必要以上に難しく考えることなく、親子で笑い合いましょう。夫婦で楽しい話をしましょう。家族みんなで、愉快な遊びをたくさんしましょう。**

スマイル&リスペクトがあれば、どんなことがあってもうまくいくと感じています。

まとめ

- ☑ 子どものことをリスペクトするとは、子どもの思いを尊重するということ
- ☑ 子どもの感じ方や考え方を、「子どもだから」と否定しない
- ☑ 笑顔が絶えない家族は、互いへのリスペクトが存在している

2 親子、家族でできるスマイル&リスペクトな遊び

「親子で、家族で笑い合える遊びって、どんなことをすればいいの？」と思われる方もいるかもしれませんね。

「自分は遊びをよく知らないから、遊びが専門の先生に遊んでもらったほうが子どもにとって幸せではないか」と考えるお父さん、お母さんにもときどき出会います。

「わらべうたを私は知らないし、うまく歌えないので Youtube で聞かせます」
「私が言っても歯みがきをしようとしないので、アニメキャラクターの歯みがき動画を見せます」
「私の言うことは聞かないので、鬼からの電話アプリを使っています」……。
よく言われる「子育ての外注化」です。

しかし、どんなに歌が苦手でも、お子さんはお母さんやお父さんが歌ってくれる歌が一番大好きなんですよ。

抱っこしてもらったり、添い寝をしてもらいながらポンポンと背中を叩いてもらうなど、**お父さんやお母さんの温かさを感じられることが、子どもにとって安心感になり、愛着形成にもつながります。**

それだけでなく、思い出として心の中にずっと残っていくのです。

ヒントは昔からある遊び

ここでは、昔から脈々と続いている遊びを中心として「親子で、家族で笑い合える楽しい遊び」を紹介します。

なぜ、昔から続いている遊びなのか。

それは、昔から続いている遊びには、

- **ものや道具があまりいらない**
- **自然の中にあるもので遊べる**
- **落ちているものや、身近にあるもので手作りして遊べる**

という特徴があるからです。

さらに、体をたくさん使ったり、複数人で遊ぶ要素が強いため、特別なものや道具がなくても、子どもの心と体を育てることができるのです。

そのような遊びとしては、次のようなものがあげられます。

（1）外遊び

・砂場で山くずし
・鬼ごっこ（色おに、高おになど）
・石けり
・ゴムとび
・水切り

（2）親子で作る手作りおもちゃ

・たこ（ゲイラカイト）
・紙飛行機
・竹とんぼ
・糸電話
・紙ずもう

（3）伝承遊び

・おてだま
・おはじき

・ビー玉
・ベーゴマ
・メンコ

こうした遊びは、「子どもの頃にやったことがある！」という方も多いと思います。
子ども時代を思い出しながら、ぜひお子さんと楽しんでみてくださいね。

また、ケガに敏感な方にとっては、「そんな危ないこと」と思うものもあるかもしれません。
たしかに、子ども時代に「水切り」をしたことがない、木登りもしたことがないという大人が、子どもと一緒にいきなりやると、危ないです。
「水切り」では、水面ではなく、隣の人に石をぶつけてしまうかもしれませんし、木登りでは木から落下して骨折するかもしれません。

ですから、**子どもと一緒に遊ぶときは、大人がまずはやってみて、そして何をどのようにしたら安全なのか、危険なのかをしっかり把握してからやってみましょう。**

どこまで見守ればいいのか、どのようにサポートすればいいのか、どこで止めればいいのかを、大人も子どもも意識して遊ぶことです。

そして、「子どもの遊びにはケガはつきもの」ということも覚えておきましょう。

大きなケガは絶対に避けなければいけませんが、小さなケガをすることで、子どもは「どういうことをすると危険なのか」が分かるようになり、大きなケガをしない体に育っていきます。

そうした部分も含め、親子で楽しみながらチャレンジしていけるといいですね。

まとめ

- ☑ 昔からある遊びには、「親子で、家族で笑い合える楽しい遊び」が多い
- ☑ 大人も一緒にやってみよう
- ☑ 小さなケガをすることで、大きなケガをしない体に育っていく

3 ともに過ごすことが、分かり合うこと

家族のつながりが育まれるのは、遊びを通してだけではありません。

私は、マルハニチロのサバ缶のCM「おじいちゃんとの釣り」が好きなのですが、その中のやりとりが、親子の関係を築くうえで大切なことを教えてくれていると感じています。

CMでは、おじいちゃんと孫が防波堤《ぼうはてい》で釣りをしています。

孫「やっぱり釣れないね」

おじいちゃん「……」

孫「じいちゃん、今日もぼうず（1匹も釣れないこと）だね」

おじいちゃん「……ぼうずじゃない、ほい（サバの水煮缶を取り出す）。飯にするか」

孫「うん」

おじいちゃんと孫は手を合わせ、2人は満面の笑顔で1つのさば缶をつっき合うのですが、そのとき「（本当は釣りより、この時間が好きなんだ）」という孫の心の声が流れ、最後に、「分け合う時間は　分かり合う時間」というテロップが表示されます。

私は、このCMは、コスパ（コストパフォーマンス：費用対効果）とタイパ（タイムパフォーマンス：時間効率）重視の現代社会で、見失いがちな大切なことを教えてくれていると思っています。

コスパ、タイパで考えると、おじいちゃんよりもっと釣りが上手な釣り名人と釣りに行けば、釣れるポイントも、コツも伝授してくれることでしょう。魚もたくさん釣れるかもしれません。釣り名人との釣りのほうが断然いいでしょう。

でも、家族の時間はそれだけが価値ではないのです。

家族で食事をする、みんなで揃ってリビングでテレビを見て過ごす。

そんな**なんでもない時間こそが親子関係の土台として大切なのです。**

「ともに過ごすことが、分かりあうこと」はスマイル＆リスペクトのある親子関係のヒントになるような気がしています。

まとめ

☑ **家族の時間には、コスパ、タイパだけでは測れない価値がある**

☑ **時間を共有することが、関係性を深める**

第5章

うまくいかないときは上を向いて、前向きに

1

失敗しながら「親にしてもらっている」

さて、本書最後の章です。ここまでは、「子どもとどうすればうまくいくのか」を中心に書いてきました。

しかし、子育ては「うまくいかないことのほうが多い」と感じるかもしれません。

そこでここからは、「うまくいかないときだってある」ということについて考えてみましょう。

子どものことをどうとらえるかは「親次第」

あるとき、つばさくん（5歳）のお母さんが、「息子の気持ちがまったく分かりません」と私につぶやきました。

お母さんによると、つばさくんはいつも一番になりたがるようで、保育園でも並ぶのが一番じゃなければダメ、食事の配膳も一番にしてもらわなければダメ、散歩も一番前にしてもらわなければダメだというのです。

そして一番になれないと怒る、すねる、かんしゃくを起こすなど、ひと騒動。

負けることにも我慢ができず、じゃんけんに始まり、ドッジボールや椅子取りゲームで勝てないと、荒れ狂って大爆発してしまいます。

つばさくんのお父さんは厳しい人で、かんしゃくを起こしたつばさくんを「そんなことじゃ、4月から小学校に行けないぞ」ときつく叱ります。

そして、お母さんのことも「お前が甘やかしてるんじゃないのか」と厳しく責めるといいます。

つばさくんのお母さんは「普段はやさしい夫であり、お父さんなのに……」と涙ぐんでいました。

親は、子どもが何かにつまづくと、気質によってさまざまなとらえ方をするようです。

第2章で紹介した4つの気質ごとに、親のとらえ方について見てみましょう。

4つの気質からとらえ方を考える

胆汁質の親は、子どもが何かにつまづいたとき、子ども本人や他者に責任があると考えます。

例えば、つばさくんの場合でいうと、

「負けただけでかんしゃくを起こすのはつばさが弱いからだ」

「普段から甘やかしている母親の対応が悪い」

とするとらえ方です。

一方で、胆汁質の親は原因を追究し、カウンセラーや医師に積極的に相談しながら対応しようともしますから、頼もしい一面もあるでしょう。

多血質の親は、「なんとかなるでしょ」と楽観的にとらえます。

「ちょっと気むずかしいところがある子どもだけど、明るいし、楽しい子どもじゃないか。一生それが続くわけではないし、大丈夫、大丈夫」と非常に前向きにとらえます。

一方で、パートナーが心配して方々《ほうぼう》に相談しているのに、多血質の親は「なんとかなるのに、なんでそんなに心配するの？」と考えますから、とてもいい加減であるように思われてしまいます。

粘液質の親は、そんな子どもの行動もまったく気にしません。

子どもの行動や性格に関心がないと言ったほうがいいかもしれません。

関心が向いていないので、専門機関に相談に行くこともしなければ、そもそも不安を感じているパートナーの気持ちも想像できません。

どーんと構えて、ちょっとのことでは動じない性格なので、頼もしいと感じる部分もありますが、パートナーや子どもの不安な気持ちを受け止めてくれることはないでしょう。

憂うつ質の親は、子どもが何かにつまづいたときに、「すべて自分に責任がある」ととらえてしまいます。

生まれてから今までの自分の子育てを反省し、あれが原因か、もしくはあのときの対応が原因かと、たくさんある過去の自身の失敗を反省して自分を責めてしまいます。

子どものつらさに共感し、そのつらい思いを受け止めることができるので、そこはとてもよいのですが、過去の子育ての失敗まで反省し始めると、なかなか前を向けませんね。

上を向いて歩こう、前を向いて歩こう

さて、みなさんは、子どもが何かにつまづいたとき、どのように感じるでしょうか。

そしてどのように行動するでしょうか。

私がおすすめするのは、「上を向いて歩こう、前を向いて歩こう」ということです。

子育ては、実は失敗の連続です。

親は「子どもに親らしい行動を引き出してもらって初めて親になる」と言われています。

ですから、**「失敗しながら親にしてもらっている」**のです。

そして、昼間子どもに怒鳴ってしまったことを、寝顔を見ながら反省し、ときに涙を流しつつも前を向かざるを得ないのです。


だから、「涙がこぼれないように、上を向いて」歩きましょう。

そして、涙がこぼれてしまったとしても、前を向いて歩きましょう。

子育ては、永遠には続きません。


以前、「最後のとき（The Last Time）」という詩がSNSで話題になりました。

子育てをテーマにした作者不詳の詩です。

英語の原文ですが、それが翻訳されていますので紹介します。

＊

「最後のとき（The Last Time）」

赤ちゃんをその腕に抱いた瞬間から
あなたはこれまでとはまったく違う人生を生きる
以前の自分に戻りたいと思うかもしれない

自由と時間があって　心配することなど何もなかったあの頃の自分に
今まで経験したことがないほどの徒労感《とろうかん》　毎日毎日まったく同じ日々
ミルクを与えて背中をさすってやり　おむつを替えては泣かれて
ぐずられて嫌がられて　昼寝をしすぎてもしなくても心配で
終わることのない永遠の繰り返しに思えるかもしれない

だけど忘れないで……
すべてのことには、「最後のとき」があるということを
ご飯を食べさせてやるのはこれが最後、というときがやってくる
長い一日のあと子どもがあなたの膝で寝てしまう
だけど眠っている子どもを抱くのはこれが最後
子どもを抱っこ紐で抱えて出かける
だけど抱っこ紐を使うのはこれが最後
夜はお風呂で髪を洗ってやる
だけど明日からはもう一人でできると言われる
道を渡るときには手を握ってくる
だけど手をつなぐのはこれが最後
夜中こっそり寝室にやってきてベッドにもぐりこんでくる

だけどそんなふうに起こされるのはこれが最後
昼下がりに歌いながら手遊びをする
だけどその歌を歌ってやるのはこれが最後
学校まで送っていけば行ってきますのキスをしてくる
だけど次の日からは一人で大丈夫と言われる
寝る前に本を読み聞かせて　汚れた顔をふいてやるのもこれが最後
子どもが両手を広げて　あなたの胸に飛び込んでくるのもこれが最後

だけど「これが最後」ということはあなたには分からない
それがもう二度と起こらないのだと気づく頃には
すでに時は流れてしまっている
だから今、あなたの人生のこの瞬間にも
たくさんの「最後」があることを忘れないで
もう二度とないのだと気づいてはじめて
あと一日でいいから、あと一度きりでいいから、と切望するような
大切な「最後のとき」があることを

*

子育ては永遠に続くように思えますが、必ず「最後のとき」を迎えることに改めて気づかされます。

だからこそ、うまくいかないときだってある。上を向いて歩きましょう、前を向いて歩きましょう。

まとめ

☑ 子どもに親らしい行動を引き出してもらってはじめて親になる
☑ 失敗しても、上を向いて、前を向いて歩こう
☑ 子育ては永遠には続かない。「今」を大切にしよう

2

自分を苦しめているのは、自分自身のとらえ方

子育てをしていると、嬉しいこともたくさんありますが、不安な気持ち、焦り、いらだち、怒りやもどかしさなど、さまざまなネガティブな気持ちも抱きます。

ネガティブな気持ちとは、不思議なもので放置しておくと知らない間に膨らみ続けます。また、あまりにも突き詰めて考えすぎてもどんどん深みにはまってしまいます。

ですから、ここではネガティブな気持ちにいかに向き合っていくのかについて考えてみたいと思います。

ここでの結論を一言で言ってしまうなら、「**自分を苦しめているのは自分**」ということです。詳しく言うと「自分の偏ったとらえ方」だということができます。

とらえ方を変えてみる

子育てでは、「自分の育て方が悪かった」「対応の仕方が悪いから」などと自分だけに非があるととらえてしまい、その後行動できなくなってしまうことがあります。

そんな一方的な偏ったとらえ方や見方のバランスを取り、上手に対応できる心の状態を保てるように助けるのが、認知療法や認知行動療法です。

認知とは、ものごとの受け取り方、考え方という意味で、認知療法、認知行動療法とは、臨床心理学をベースとした心理療法です。

（認知療法・認知行動療法について詳しく知りたい方は、「一般社団法人日本臨床心理士会」ホームページを参照してください）

専門的な心理療法は、医療機関などで受ける必要がありますが、**「認知の偏りのバランスをとる」という考え方は、子育てに大いに役立つと思います**。

例えば、先ほどの子育てのとらえ方「自分の育て方が悪い」「対応の仕方が悪い」についてですが、本当にそうでしょうか。

そうとらえるには、本人なりの理由があるのだと思いますが、別の見方をしてみましょう。

・「自分の育て方が悪い」

↓「子育てを自分一人で一生懸命に頑張っている」

「難しいと感じながらも、なんとか自身で子育てしてきている」

・「対応の仕方が悪い」

↓「さまざまな工夫をしながら、子どもに対応している」

「うまくいかなくても、専門家に相談しながら向き合おうとしている」

このようにとらえることもできますよね。

自身が苦しんでいるときは、気づかないうちに、偏った考えにがんじがらめになっていることが多いものです。

自身を苦しめているのは「自分自身のとらえ方」ということに気づき、視点を変えてみると、肩の荷がおりますよ。

まとめ

- ☑ **とらえ方のバランスを調整し、上手に対応できる心の状態を保つことが大切**
- ☑ **苦しくなったときは、偏った考え方、とらえ方をしていないか確認してみよう**

3

自分を幸せにする方法
——感謝が幸福感を高める

近年、「幸福」や「心身ともに健康な生き方」を手に入れるための心理学的アプローチを研究する「**ポジティブ心理学**」が注目されています。

このポジティブ心理学では、**「感謝」を感じながら生活することで、よりいっそう幸福感を得ることができると言われています**。

例えばある研究では、1日2〜3分感謝する時間を設けたグループは、何もしなかったグループと比較して「自分の人生を、より肯定的に評価できるようになった」ということが示されています。

また別の研究では3つのグループを作り、1つ目のグループには毎週1回、その週を振り返って「ありがたかったこと」を、2つ目のグループにはイライラしたことを、3つ目のグループには、よいことでも悪いことでもいいので、印象に残ったことを5つ記入してもらいました。

それを9週間続けたところ、感謝を書き出したグループが、人生は喜ばしいものであり、次の

1週間も喜ばしいものになると最も強く考えたという結果が得られたそうです。

さらに、健康上の不調（頭痛、胃痛、めまい、肌荒れ、下痢など）の訴えが、最も少なかったのもこのグループであったといいます。

このように、さまざまな研究によって**「周囲に感謝することが、自分自身の幸福感を高める」**ことが示唆《しさ》されています。

感謝することが、自分を幸せにする

そこで私がおすすめするのは、まずは自分自身で「毎日5つ、感謝できること」を書き出してみるということです。

感謝できることは、ほんの些細なことでも構いませんし、最初は言葉にしてみるだけでも構いません。スマートフォンのメモや録音機能を利用してもいいと思います。

- ・子どもが私にお花を摘んでくれた
- ・子どもが笑顔になって、私もうれしかった
- ・子どもが、お皿を片付けてくれた
- ・パートナーが掃除をしてくれた
- ・パートナーが昼食を作ってくれた

・両親が元気でいてくれている
・ここまで、両親は自分の子育てを見守ってくれた
・自分自身が、今日も健康でいられた
・好きなアーティストの音楽が自分に元気をくれた
・本を読んで人生を考えた

他にも、映画、小説、両親、パートナー、子ども、同僚、親戚、隣人など、ありとあらゆる人やもの、出来事への感謝について、毎日考えることを習慣化しましょう。

このワークに取り組んでみると分かるのですが、感謝の気持ちを書き出すだけで、なんだか気持ちがあたたかくなります。

ともすると、よくなかったことや心配事ばかりが気になってしまうこともありますが、感謝の気持ちを書き出すことを習慣化していくと、何事も肯定的にとらえられるようになるのが分かります。

ポジティブな視点で見る習慣が身につくのです。

幸福は目に見えない

人は、複雑な情報をスムーズにとらえるために、必要な情報のみキャッチして、不必要な情報

を消去しながら生活しています。

これを心理学では、「セレクティブアテンション」といいます。

セレクティブアテンションが働いているために、幸せな出来事が目の前で起きているにもかかわらず、気づかないことが多いのです。


私は「セレクティブアテンション」を実感してもらうために、学生に「見えないゴリラ」という動画を見せます。

「見えないゴリラ」の動画では、白いシャツを着たグループと黒いシャツを着たグループがそれぞれバスケットボールを持ってパスをしています。

学生には、「白いシャツを着たグループが何回パスをするのか」数えてもらいます。


その動画の途中で、真っ黒いゴリラの着ぐるみが登場し、画面中央で豪快に胸を何度も叩き、ドラミングをしてから退場します。

そんなゴリラが出てきたらすぐに気づきそうなものですが、白いシャツを着たグループのパスの回数を数えている学生の多くは、まったくこのゴリラに気づきません。

白いシャツを着たグループが15回のパスをすることは正確に数えられても、堂々とドラミングをするゴリラは見えないのです。

これは、「白」にのみ注目したために、「黒いもの」をすべてを消去するという、セレクティブアテンションの典型なのですが、子育ても感謝の気持ちも、よいところを見ようとしなければ見えなくなってしまうように思います。

幸福とは目に見えるものではありません。出来事をどのようにとらえるかです。

どんなに些細なことでも「感謝することが、自分を幸せにする」。
それが一番の子育ての処方箋なのだと思います。

まとめ

- ☑ 毎日5つ、感謝したいことを書き出してみよう
- ☑ セレクティブアテンションが働いていると、幸せな出来事が目の前で起きても気づかないことがある
- ☑ 感謝することが自分を幸せにする

おわりに

本書を最後まで読み進めていただきありがとうございます。

本書は、シュタイナー教育と臨床心理学をベースに、「ほめ方・叱り方」について考えてみました。

書き終えてみて改めて思うことは、子育てで大切なのは「子どもの心の声を聴くことだ」ということです。

大人はどうしても、大人の目線で子どもにがみがみ言ってしまいがちです。

それは子どもの幸せを願ってだとは思うのですが、子どもの目線には思いがいかないことが多いもの。

子ども自身が何を考え、どのように生きていきたいのか子どもの目線で考える、つまり「子どもの心の声を聴くこと」が大切なのだと思います。

特に幼児期の子どもは大人に対して言葉ではなく行動で思いを示すのですが、おおよそそんな時は大人にとって不都合な行動で示します。

先日も、保育カウンセラーとしてある保育園を訪問したのですが、3歳のRくんは、「何やってんだよ！」と私に叫びました。

5歳のLくんは大好きなお母さんといるときはとっても「いい子」なのですが、保育園では「今日ぼく、保育園でおしっこもらすよ」と予告するのだといいます。

Rくんは「山下先生、僕と遊んでくれるのかな？」、Lくんは「僕のこと先生は好き？」ということを言いたいのだろうと思いますが、出てくる言葉は激しく、ドキッとする言葉です。

おおよそ子どもは、さまざまな思いを背景に抱いて、ときに不適切な行動を示します。

しかし、その背景にあるものに思いをめぐらせて「子どもの心の声を聴くこと」が大切なんだろうと思います。

本書は、保育現場で出会った子どもたちや保育者、そして保護者のみなさんとの貴重な出会いをもとに構成されています。

日本能率協会マネジメントセンターの加藤実紗子さんは、シュタイナー教育の人間観とそれに基づいた子育てについて関心を抱いてくださり、さまざまなご助言をいただきました。

イラストを担当してくださったちしゃさんは、私が書いた簡単なシナリオをもとにして表情や背景にまで気を配り、見事にビジュアル化して表現してくださいました。
こうしたさまざまな出会いのもと、本書は出版に至りました。
これらすべての人に感謝し、御礼申し上げます。

2023年7月

山下直樹

〈著者紹介〉

山下　直樹（やました なおき）

名古屋短期大学保育科教授、保育カウンセラー、臨床心理士、公認心理師。

1971年名古屋生まれ。東京学芸大学教育学部障害児教育学科を卒業後、シュタイナーの治療教育を学ぶために渡欧。帰国後は児童相談所など障がい児福祉の現場で障がいのある子どもと保護者の支援に携わる。その後臨床心理学を大学院で修め、保育カウンセラー・スクールカウンセラーとして保育現場・教育現場での経験を重ねてきた。

現在は名古屋短期大学保育科教授として、保育学生にカウンセリングなどを教えている。保育現場を大切にしており、保育園や子育て支援センターでの保育カウンセリングを継続している。

保育現場でのカウンセリングは年に100回を超え、1年間に出会う子どもは1000人以上にのぼる。

10000人の子どもと向き合ってきた保育カウンセラーが教える

子どもの自信が育つほめ方・叱り方

2023年7月30日　初版第1刷発行

著　者――山下 直樹

© 2023 Naoki Yamashita

発行者――張 士洛

発行所――日本能率協会マネジメントセンター

〒103-6009 東京都中央区日本橋2-7-1 東京日本橋タワー

TEL 03(6362)4339(編集)／03(6362)4558(販売)

FAX 03(3272)8127(編集・販売)

https://www.jmam.co.jp/

カバー・本文デザイン――鈴木大輔・江﨑輝海（ソウルデザイン）

イラスト――すみたに ちしゃ

本文DTP――株式会社RUHIA

印刷所――シナノ書籍印刷株式会社

製本所――株式会社新寿堂

ISBN 978-4-8005-9104-3　C0037

落丁・乱丁はおとりかえします。

PRINTED IN JAPAN